日米ボディートーク
身ぶり・表情・しぐさの辞典
BODY MOVEMENTS

東山安子／ローラ・フォード…[編著] [増補新装版]

三省堂

© Sanseido Co., Ltd.　2016
Printed in Japan

イラスト　豆画屋亀吉
装　丁　三省堂デザイン室

はじめに

　人のしぐさや顔の表情は魅力的です．ことばがなくてもその人の気持ちや感情を伝えますし，ことばとともに使われれば，そのことばの解釈により深い洞察を加えることもできるようになります．このように，コミュニケーションの中で大切な役割を果たしている身ぶり・しぐさ・顔の表情を辞典として一冊にまとめたのが本書です．英語話者のジェスチャーについては何冊か類書が出ていますが，日本人の身ぶりについてこれだけの詳細な調査結果をまとめたものは，おそらく本書がはじめてでしょう．海外からのビジネスマンや留学生にも関心を持っていただけたらと願っています．

　筆者は日本人のコミュニケーションを，共同研究者の Laura Ford はアメリカ人のコミュニケーションを多くの人に理解してほしいと願い，お互いの文化のしぐさや表情・行動様式の共通点や相違点を明らかにしようと，1982 年から研究プロジェクト「身振りの日米比較対照研究 ——『身振りの辞書』作成を目差して」を開始しました．そして，日米の映画やテレビドラマを使って，お互いの文化で日常よく使われる身ぶりを一つ一つ拾い上げ，その意味を探るところから研究を始めました．

　私たちは個々の身ぶりについて，日米それぞれの文化の母語話者としてさまざまな観点からディスカッションを重ねました．そうする中で，意味だけでなく，男女の性別，年配・若者・子供といった年齢，相手と親しい間柄かどうか，目上か目下かといった上下関係や形式度，上品か下品かという品位，ことばと一緒に使われるかどうかなどの「使われ方」に暗黙のルールがあることに大変興味を持ちました．そして，この調査から得られた「使われ方」についての記述は，本書の大きな特徴となっています．

　ディスカッションの結果を基礎データとした上で，日本人については，漫画のイラストを用いてアンケートを作成し，学生や社会人 100 名に協力してもらい，その結果を客観的なデータとして考察に加えました．また，アメリカ人については，South Carolina で 30 名の地域の人々に，基礎データとした映画の場面をビデオで見てもらって意見を聞き，分析に加えました．さらに，日本人の身ぶりが英米の人々にどのように理解されるかについては，日本にいる英米人 8 名に詳細

な記述式のアンケートを依頼し，協力してもらいました．このように客観的データを加えた上で考察を重ねてはいますが，それでも，本書の「日本人の」「アメリカ人の」は，この調査に協力してくれた人々と私たちの意見という限定つきであることをお断りしておきます．

　本書は，身ぶり・しぐさ・顔の表情についての一つの記録です．若者語に流行があるように若者の行動様式も常に変化していますし，しぐさの男女差が減りつつある傾向も日米ともに見られます．また，国際的にも人の交流が増え，さまざまな国のニュースやスポーツ番組，映画などの映像が手軽に見られるようになり，文化ごとの違いにも変化が顕れてきています．したがって同様の研究を継続し，そのときどきの変化を記録していくことが重要でしょう．

　＜異文化スケッチ＞というコラムでは，筆者のヨーロッパでの体験談を描いてみました．ヨーロッパはまたそれぞれの国や地域で独特なしぐさがありますし，イギリスとアメリカも同じ英語圏でありながらさまざまな違いがあります．ヨーロッパを中心にした身ぶりについては，著名な動物行動学者である D. モリスの著書『ボディートーク　世界の身ぶり辞典』があります．本書で取り上げたしぐさに関連したものは，巻末の項目一覧に一表として挙げましたので，参照されると奥深いしぐさの世界にさらに興味を持たれることでしょう．アジア文化圏についてのしぐさの研究は，まだ開始したばかりであり，今後成果をまとめることができればと考えています．

　本書ができあがるまでに，多数の人々の協力がありました．研究段階では，トヨタ財団から研究助成金と出版助成金を，明海大学から特別研究費を得ることができました．アンケートの集計やイラストの下絵作成には明海大学の卒業生が協力してくれました．また，本書をまとめる最後の段階に在外研究でヨーク大学に滞在したことは非常に有益でした．編集・校正の段階では株式会社ジャレックスの村上眞美子さんにお世話になりました．そして最後に，長期にわたった研究の間，僅かずつしか仕上がらなかった原稿を辛抱強く待ち続け，励ましてくださった三省堂編集部の柳百合さんに心からお礼申しあげます．

2003 年 6 月 1 日　ヨークにて

東山　安子

本書の使い方

本書は，日本人の動作74項目とアメリカ人の動作69項目からなる．
日本人編，アメリカ人編ともに，各々の動作は次のように分類し，分類項目の英語の
アルファベット順に配列した：

ARM（腕），BACK（背），BROW（額），CHEEK（頬），CHEST（胸），CHIN（顎），
EAR（耳），EYE（目），FINGER（指），HAND（手），HEAD（頭），HIP（腰），
LEG（脚），MOUTH（口），TEETH（歯），NOSE（鼻），SHOULDER（肩），
TONGUE（舌），TEMPLE（こめかみ）

日米ともに，それぞれの文化の母語話者である東山（東京都出身）とFord（North
Carolina出身）が映画およびテレビドラマの映像を用いてディスカッションを重ねた
基礎データをもとに，以下に説明する調査データを加えてまとめた．

【日本人編】

共同研究における基礎データをもとに，日本人の学生と社会人の男女100名を対象に
実施したアンケート結果を中心にまとめた（アンケートの作成・実施・集計・分析は
東山が担当）．

`action` 動作

身体の動きや顔の表情の説明である．イラストは，アンケートに用いた漫画ではなく，
本書のために書き下ろしたものを使用した．

`meaning` 意味

動作の意味である．アンケート回答の多様な表現やニュアンスの違いをできるだけ吸
い上げて記述した．＜意味＞が複数ある場合には，番号をつけて示した．どういうと
きに用いるかという＜状況＞の説明は＊で示した．＜動作と一緒に使われることば＞
がある場合には，その例も挙げた．

`usage` 使われ方

アンケートの調査結果を，1）データを記号化して示した表，2）調査結果のパーセン
テージ，3）データの解説，の3つに分けて解説した．表の記号は，調査結果のパー
センテージをもとに分かりやすくまとめたものである．記号の読み方は，以下の通り
である：

[使用頻度] アンケートの「見たことがあるか」という質問に対する回答をもとに，

以下のように示した.

◎＝「よく見る」が30%以上，○＝「よく見る」＋「時々見る」が80%以上，
△＝「見たことがない」が20%以上

[**性別**] F＝女性が使う，M＝男性が使う，MF＝男女とも使う，M＞F＝男女とも使う
が男性の方が多く使う

[**年齢**] A＝大人が使う，C＝子供が使う，AC＝大人も子供も使う
（大人の中でも，年配が使うか若者が使うかは，特に示してない）

[**親密度**] H＝親しい間柄の人に対して使う，L＝初対面や見知らぬ人を含め，誰にで
も使う，H＞L＝親しい人に対して使うことの方が多い，――＝特に相手との親密
度に関係なく使う

[**形式度**] H＝堅苦しいフォーマルな状況で使う動作で，目上の人に使う動作，L＝リ
ラックスした状況で使う動作，N＝特にどちらでもない普通の状況で使う動作

[**品位**] H＝上品な動作，L＝品のない下品な動作，N＝普通

comparison 比較（英米人の意見より）
日本に滞在しているアメリカ人5名，イギリス人3名に，詳細な記述式アンケートを
依頼し，その回答の一部をまとめた.

✌plus alpha✎
動作についての関連説明をしたコラムである.

【アメリカ人編】
「卒業(The Graduate, 1967)」「アメリカン・グラフィティ(American Graffity,
1973)」「ジョーイ(Something for Joey, 1977)」「イエスタデイ(Yesterday, 1979)」
の4本の映画から拾い出した動作に関する共同研究の基礎データをもとに，South
Carolinaにて地元のアメリカ人30名に対しビデオ映像を用いたインタビューを行い，
基礎データを再検討し，修正した（アメリカでのインタビューはFordが担当）.

action 動作
身体の動きや顔の表情についての説明である.

meaning 意味

映画から拾い出した動作場面を記述してデータカード化し，それを分類して意味を特定した．データに出てこなかった意味については，Fordが付け加え，インタビューで確認した．意味が複数ある場合には番号をつけて示した．＊は状況などの補足説明，▢は用例で，映画からの用例には出典を示した．

usage 使われ方

基礎データとインタビューの分析結果を記号化して示した表とその説明からなる．表の記号の読み方は，以下の通りである：

[使用頻度] ◎＝日常生活でよく使う動作，○＝日常使う動作，△＝時々使う動作

[性別] M＝男性が使う動作，F＝女性が使う動作，MF＝男女とも使う動作．M＞F＝男女とも使うが，男性の方がより多く使う動作

[年齢] A＝大人が使う，C＝子供が使う，AC＝大人も子供も使う

[親密度] H＝親しい間柄の人に対して使う，L＝初対面や見知らぬ人に使う，—＝特に相手との親密度に関係しない

[上下関係] アメリカ人にも上下関係による使用ルールは存在する．日本人の場合は，フォーマルで堅苦しい動作は目上の人に対する礼儀正しい動作でもあり，リラックスした動作は目上の人の前ではすべきでないとされるが，アメリカ人の場合は，リラックスした動作であっても目上の人にしてよい場合もあるため，項目の示し方を「上下関係」のみに絞った．たとえば，L→H×＝目下の人が目上にすべきではない動作，H→L＝目上の人が目下の人にする動作

[品位] 日本人の場合にHで示したような上品なしぐさというのは特にない．N＝普通，C＝リラックスした動作，L＝下品な動作

[ことばとの関係] アンケートでは設問がなかったため，日本人編には入れていない項目である．G＝動作だけで用いる，G＋S＝ことばとともに用いる，G＋S＞G＝動作だけで用いる場合もあるが，ことばとともに用いることの方が多い

comparison 日本人との比較

日本人も同様に使うかどうかについて，日本人編の関連動作を示しながら解説した．

❤ 異文化スケッチ✎

在外研究で滞在したイギリスのヨークを中心に，ヨーロッパにおける東山の体験談をまとめた．親指上げや指文字などのジェスチャーに関するもの，出会いや別れの挨拶，イギリス人のよく行列をつくる行動様式や，ヨーク大学の学生たちの生活様式などを取り上げた．ヨーロッパとアメリカではもちろん共通点も多いが違いも多い．ヨーロッパを中心にした身ぶりについては，D.モリスの著書の関連動作を項目一覧で紹介したので是非参照されたい．

【項目一覧】

日本人編とアメリカ人編の関連項目を一表で示した．また，D.モリス著の『ボディートーク─世界の身ぶり辞典』（三省堂，1999）の関連動作項目を＜BT-No.＞の形で示した．

本書を完成するまでに長い研究期間があったが，その間に論文として成果を発表してきたものの一部を下記する．さらに詳しい研究成果や研究方法に関心のある読者は是非参照されたい．

東山安子・L.フォード(1982)：「身振りの日米比較：身振りの辞書・日本人の動作編」『言語の社会性と習得』（秋山高二・山口常夫・F.C.パン，文化評論出版社）

── (1982)：「日米のあいさつ行動の記号学的分析」『記号学研究No.2』（日本記号学会編，北斗出版）

── (1983)：「日米の文化的視点からみた身振りの一分類法」『記号学研究No.3』（日本記号学会編，北斗出版）

── (1984)：「身振りの調査に関する方法論的考察」『記号学研究No.4』（日本記号学会編，北斗出版）

東山安子(1984)：「Gesture」『カラーアンカー英語大辞典』（学習研究社；『Ｉ・SEE・ALLカラー図解英語百科辞典』と改訂，1991）

── (1987)：「身振りの普遍的機能と文化的機能」『社会・人間とことば』（F.C.パン他編，文化評論出版社）

── (1991)：「非言語記号─Emblemの文化比較考」『明海大学外国語学部論集第3集』

── (1992)：「日本人の行動様式と日本文化」『文化言語学─その提言と建設』（文化言語学編集委員会編，三省堂）

── (1999)：「身振りの辞書の試み─その現状分析と日本人の身振りの使用法に関する調査報告」『明海大学外国語学部論集　第11集』

── (2001)：「欧米とアジア圏の人々からみた日本人の対人姿勢とコミュニケーション」『明海大学外国語学部論集　第13集』

目　　次

はじめに ……………………… I

本書の使い方 ………………… III

日本人編 ……………………… 1

アメリカ人編 ……………… 151

日本人項目一覧 …………………… 302

アメリカ人項目一覧 …………… 304

身ぶりと異文化理解 …………… 306

増補新装版へのあとがき ……… 320

日本人編

J-1. 両腕交差　　　　2

J-2. 腕組み (+怒った顔) 4

J-3. 腕組み (+深刻な顔) 6

J-4. 時計を見る　　　8

J-5. 後ろ手　　　　 10

J-6. 背を向ける　　 12

J-7. 額に手をやる　 14

J-8. 額を叩く　　　 16

J-9. 額を掻く　　　 18

J-10. 冷や汗を拭く　 20

J-11. 頬づえ (+憂鬱顔) 22

J-12. 頬づえ (+笑顔) 24

J-13. ふくれっ面　　 26

J-14. 片手を頬に当てる 28

J-15. 胸に手を当てる 30

J-16. 胸の前で手を合わせる
(+笑顔)
32

VII

アメリカ人編

A-1. 両手払い　152
A-2. 額に手　154
A-3. 額叩き　156
A-4. 頬なで　157
A-5. 頬叩き　159
A-6. 頬ずり　161
A-7. ふくれっ面　162
A-8. 胸に手　164
A-9. 胸指し　166
A-10. あごなで　168
A-11. 天井にらみ　169
A-12. 眼球回し　171
A-13. 見開いた目　173
A-14. 細めた目　176
A-15. 泣く　179
A-16. 眉寄せ　181
A-17. 二本指立て　183
A-18. 指十字　185
A-19. OKサイン　187
A-20. 親指下げ　189

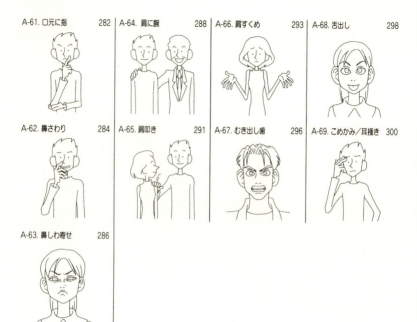

ボディートーク
日本人編

J-1. 両腕交差

action 動作

両方の手のひらを軽く開いたまま，下腕を手首のあたりで交差させて×印を作る．両手の人差し指を重ねて×印を作ることもある．

meaning 意味

①否定．ない．いない．
＊結果を知らせるとき．伝える相手が離れていてことばが届かないとき．
②失敗．だめだった．うまくいかない．
＊相手にことばで失敗の意を伝えたくないとき．
③禁止．だめ．
④断り．だめ．無理．できない．
⑤締め．終了．
＊飲み屋などで，「お勘定お願い」という場合．この場合は指ですることが多い．

usage 使われ方

使用頻度	性別	年齢	親密度	形式度	品位
○	MF	AC・A	H	N・L	N>L

M:MALE F:FEMALE A:ADULT C:CHILD H:HIGH L:LOW N:NORMAL

使用頻度　自分が使うか……よく使う15%　時々使う55%　使わない30%
　　　　　見たことがあるか……よく見る24%　時々見る67%　ない9%
性　別　　男性がよく使う9%　**男女とも使う88%**　女性がよく使う3%

年齢	大人が使う49％（年配4％　若者20％　両方25％） 子供が使う2％ 大人も子供も使う49％
親密度	親しい間柄の人に用いる81％　誰にでも使える19％
形式度	形式的な堅苦しいしぐさ0％　普通50％　リラックスしたしぐさ50％
品位	上品なしぐさ0％　普通82％　下品なしぐさ18％

> 自分が「よく使う」と「時々使う」は合わせて7割です．他の人がするのを「時々見る」はそれだけで7割弱を示し，「よく見る」の24％を加えると9割と，日常よく見るしぐさであることが分かります．男女とも大人も子供も使います．親しい間柄の人に対して使うことが多く，形式度は低く，品位は「普通」です．

comparison 比較（英米人の意見より）

この動作は否定の意味を表さないとの回答です．「フットボールやサッカーの審判は使うかもしれない」という意見以外は，このしぐさが奇妙に感じられ，何の意味もなさないという意見でした．否定を表すしぐさとしては，以下のようなものが挙げられました．

・頭を左右に振る．
・頭を左右に振りながら手のひらを相手側に向けて左右に振る．
・頭上に腕を上げて振る．

✌ plus alpha ✐

大学の授業の中で，「次のスピーチは，Aさん」と指名をすると，準備のできていない学生は，両方の人差し指を交差させて小さな×印を作り，「今日は発表できない」という意味のサインを送ってくることがあります．

J-2. 腕組み（+怒った顔）

action 動作

相手に話をするとき，両腕を胸の前で組む．怒りの表情を伴う．

meaning 意味

①怒り．
＊叱りつけるとき．不満を言うとき．
　相手を非難するとき．
②権威．
＊相手を見下すとき．相手より優位
　の立場に立ってものを言うとき
③詰問．
＊追求するとき．問い正すとき．
④威嚇．
＊強気でものを言うとき．
⑤思案．
＊考えごとをするとき．

usage 使われ方

使用頻度	性別	年齢	親密度	形式度	品位
○	MF>F	A>AC	L>H	N	N>L

M:MALE F:FEMALE A:ADULT C:CHILD H:HIGH L:LOW N:NORMAL

使用頻度　　自分が使うか……よく使う14%　**時々使う53%**　使わない33%
　　　　　　見たことがあるか……よく見る21%　**時々見る69%**　ない10%
性　別　　　男性がよく使う16%　**男女とも使う55%**　女性がよく使う29%

年　齢	大人が使う80％（年配8％　若者21％　両方51％） 子供が使う1％ 大人も子供も使う19％
親密度	親しい間柄の人に用いる44％　誰にでも使える56％
形式度	形式的な堅苦しいしぐさ14％　普通68％　リラックスしたしぐさ18％
品位	上品なしぐさ0％　普通83％　下品なしぐさ17％

> 自分では「よく使う」と「時々使う」で7割弱ですが，他人がするのを「よく見る」は2割，「時々見る」と合わせると9割を占め，実際にはよく使われていると言えるでしょう．男女とも，大人がおもに使います．「親しい人に対して使う」と，「誰にでも使う」はほぼ半々です．形式度は「普通」が7割弱ですが，「堅苦しいしぐさ」と「リラックスしたしぐさ」がそれぞれ1～2割あり，状況によって両方の可能性があることを示しています．品位は「普通」です．

comparison　比較（英米人の意見より）

怒り・詰問する状態などを表しています．男女とも大人も子供も使い，共通点が多いという意見が多数見られました．この意味での動作のバリエーションとして，以下のようなものが挙げられました．
・腕を組んだとき，手でひじのすぐ上をつかむ．
・手を組んだ腕の中に入れる．
・両手を腰に当てる．
・片手を腰に当てる．
・腕を後ろに回して握り，見下ろすようにする．

J-3. 腕組み（+深刻な顔）

action 動作

相手の話を聞くときに，両腕を胸の前で組む．深刻な顔の表情を伴う．

meaning 意味

① 優位な立場・目上の立場・権威のある立場から相手の話を聞いている．
* 相談を聞くとき．
* 威厳を示すとき．

② 考え込んでいる．考えごとをしている．思案している．
* 深く考えているとき．
* 何かを考えるとき．
* 大事な判断をするとき．

③ ためらい．困惑．悩み．

usage 使われ方

使用頻度	性別	年齢	親密度	形式度	品位
○	M>MF	A	H>L	N	N

M:MALE F:FEMALE A:ADULT C:CHILD H:HIGH L:LOW N:NORMAL

使用頻度	自分が使うか……よく使う14%　**時々使う44%**　使わない42% 見たことがあるか……よく見る26%　**時々見る65%**　ない9%
性別	**男性がよく使う69%**　男女とも使う31%　女性がよく使う0%
年齢	**大人が使う95%**（年配44%　若者8%　両方43%） 子供が使う0% 大人も子供も使う5%
親密度	**親しい間柄の人に用いる58%**　誰にでも使える42%

| 形式度 | 形式的な堅苦しいしぐさ18% | 普通63% | リラックスしたしぐさ19% |
| 品位 | 上品なしぐさ3% | 普通96% | 下品なしぐさ1% |

> 自分が「よく使う」と「時々使う」で約6割ですが,他の人が使うのを「よく見る」と「時々見る」は9割を超えており,日常よく使われるしぐさだと言えるでしょう.大人の男性がよく使い,親しい間柄で使うことが多い動作です.形式度・品位は「普通」です.

comparison 比較(英米人の意見より)

優位な立場で話しているときや,考え込んでいるとき,通常は,以下のようにするとの意見がありました.
・椅子に腰かけて,腕を組む.
・片腕をテーブルにのせ,もう片方の手は頬づえをつくなどの姿勢をとり,視線を相手に向けながら話をする.

J-4. 時計を見る

action 動作
手首の内側（あるいは外側）にしている腕時計を見る．

meaning 意味
①時刻の確認．
＊時刻を確認したいとき．
＊時刻を気にしているとき．
②心配．気がかり．いらいら．
＊待ち合わせをしていて相手がなかなか来ないとき．「遅いなあ」
③急いでいるという意思表示．
＊もう帰りたいことを相手に分かってほしいとき．
④女性らしさ．
注）男性は時計を手首の内側にはしないが、女性は内側にするときと外側にするときがあり、前者のほうが女性らしいと受け取られることもある．

usage 使われ方

使用頻度	性別	年齢	親密度	形式度	品位
◎	F>MF	A	―	N	N>H

M:MALE F:FEMALE A:ADULT C:CHILD H:HIGH L:LOW N:NORMAL

使用頻度　自分が使うか……よく使う53%　時々使う18%　使わない29%
　　　　　見たことがあるか……よく見る79%　時々見る18%　ない3%
性　別　　男性がよく使う1%　男女とも使う49%　**女性がよく使う50%**

年　齢	大人が使う90％（年配1％　若者21％　両方68％） 子供が使う0％ 大人も子供も使う10％
親密度	親しい間柄の人に用いる―％　誰にでも使える―％
形式度	形式的な堅苦しいしぐさ3％　普通86％　リラックスしたしぐさ11％
品位	上品なしぐさ18％　普通82％　下品なしぐさ0％

> このしぐさは，「自分がよく使う」と答えた人が5割以上を示し，他の人がするのを「よく見る」だけで約8割を示すということから，日常大変よく使われる動作だと言えるでしょう．「女性がよく使う」が5割，「男女とも」が約5割でした．「男女とも」との回答は，時計を手首の外側にしている場合も考慮に入れていることが考えられます．このしぐさは自分に対してすることが多いため，親密度の項は省きました．しかし，意味③の「急いでいるという意思表示」を相手に対してする場合，目上の人に対しては露骨にすると失礼にあたります．形式度は「普通」．品位は「普通」から「上品」寄りです．「上品」というのは，女性が時計を内側にして女性らしさを見せることに関してだと思われます．

comparison 比較（英米人の意見より）

時刻を確認するという目的で男女とも時計を見る動作はするが，手首は真直ぐのままで時計を見るのが普通で，手首を曲げてポーズをとることはしないという意見が大半でした．また，時計はこのように内側にもするが，外側にもするという意見がある一方で，イギリス人女性の1人は「内側にはしない」と述べていました．この動作は，単に時間を確認するとき以外にも，人を待っていて多少イライラしているときにもします．しかし，相手が自分に話しかけているときに時計を見るのは，「退屈」「早く帰りたい」などをいうことを示すので礼儀に反するしぐさだとの意見です．

J-5. 後ろ手

action 動作
両手を背中側に回し，身体の後ろで組む．

meaning 意味
指導者的態度．貫禄を示す姿勢．教師らしい威厳．
* 授業中などに教師が生徒に話しかけるとき．
* 地位の上の者が下の者にものを言うとき．
* 試験監督が見回るとき．

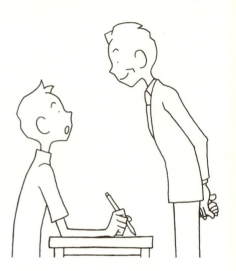

usage 使われ方

使用頻度	性別	年齢	親密度	形式度	品位
○	M>MF	A	L>H	N>L	N

M:MALE F:FEMALE A:ADULT C:CHILD H:HIGH L:LOW N:NORMAL

使用頻度	自分が使うか……よく使う2%　時々使う35%　**使わない63%** 見たことがあるか……よく見る23%　**時々見る66%**　ない11%
性　別	**男性がよく使う64%**　男女とも使う33%　女性がよく使う3%
年　齢	**大人が使う91%**（年配55%　若者7%　両方29%） 子供が使う2% 大人も子供も使う7%
親密度	親しい間柄の人に用いる45%　**誰にでも使える55%**

形式度　　形式的な堅苦しいしぐさ0%　普通62%　リラックスしたしぐさ38%
品位　　　上品なしぐさ3%　普通91%　下品なしぐさ6%

> 自分が使うかとの問いに対しては「使わない」が6割を超えましたが，他の人がするのを「よく見る」と「時々見る」では9割を占め，よく見かける動作だと言えるでしょう．男女ともに使いますが，どちらかと言えば大人の男性，特に年配の人が多いようです．形式度は「普通」から「リラックスしたしぐさ」で，品位は「普通」です．

comparison　比較（英米人の意見より）

地位の上の者が下の者に対して話をするとき，教師がクラスの中を歩き回って生徒に話しかけるとき，権威ある立場にいる者が視察するときなどの姿勢として同様に使うとの意見が多くありました．しかし，一方，以下のような意見もありました．

・前かがみになっているところや両手を後ろで組んでいるところが不自然だ．
・生徒の課題を見るときには机の上にかがみこむが，話をするときはまっすぐ立つ．
・手は話しながら動かすので組まない．

後ろ手を組むという姿勢は，男性のほうが多く使い，女性の場合には仕事をもっている人が使う傾向にあるということです．

J-6. 背を向ける

action 動作
両腕を組み，相手に背を向ける．

meaning 意味
①怒り．相手への憤り．立腹．
＊怒って，相手と口をききたくないとき．
②反抗．反発．
＊相手を拒否するとき．
＊相手の意見を受け入れたくないとき．
③無視．
＊相手とけんかして目を合わせたくないとき．
＊あきれて口もききたくないとき．
＊顔も見たくないとき．
④意地を張る．
＊相手とけんかをして自分から妥協したくないとき．
⑤怒ったふり．
＊本当はかまってほしいとき．
＊相手に何か期待した甘えがあるとき．

usage 使われ方

使用頻度	性別	年齢	親密度	形式度	品位
△	MF	A>AC	H	N>L	N

M:MALE F:FEMALE A:ADULT C:CHILD H:HIGH L:LOW N:NORMAL

使用頻度	自分が使うか……よく使う3%　時々使う39%　使わない58%
	見たことがあるか……よく見る5%　**時々見る65%**　ない30%
性　別	男性がよく使う12%　**男女とも使う79%**　女性がよく使う9%
年　齢	**大人が使う53%**（年配5%　若者20%　両方28%）
	子供が使う7%
	大人も子供も使う40%
親密度	**親しい間柄の人に用いる70%**　誰にでも使える30%
形式度	形式的な堅苦しいしぐさ8%　**普通71%**　リラックスしたしぐさ21%
品位	上品なしぐさ0%　**普通81%**　下品なしぐさ19%

- 自分が「よく使う」と「時々使う」で約4割ですが，他の人がするのを「よく見る」と「時々見る」は7割で，目にしたことのある人はかなりいると言えるでしょう．男女とも大人も子供も使います．「親しい間柄で使う」が7割を占めました．意味⑤で怒ったふりが挙げられたのも，親しい間柄で使うことの表れでしょう．形式度・品位は「普通」です．

comparison 比較（英米人の意見より）

けんかでの怒り・嫌悪感・これ以上話したくないなどの気持ちを表す点で共通だという意見が多くありましたが，下記のバリエーションにも挙げられているように，お互いの顔をかなり近づけて，にらみ合うこともあります．男女とも大人も子供もするようです．よく知っている間柄でする，くだけた品のない動作だという意見も多くありました．激しい怒りの表現としては，以下のようなものが挙げられました．

・相手に背を向けるのではなく，相手のほうを向いて頭をそらす．
・部屋を出るときにドアをけとばし，怒鳴り散らす．
・足を踏み鳴らす．
・こぶしで机を叩く．

J-7. 額に手をやる

action 動作
片手の手のひらを額に当てる.

meaning 意味

①**困惑**.
＊困ったとき.
＊人の要求にこたえられないとき.
＊解答が出ないとき.
＊当てが外れたとき.
　「困ったなあ」「参ったなあ」「まずいなあ」「弱ったなあ」

②**考え事**.
＊考え始めるとき.
＊悩むとき.
＊決断がつかないとき.
＊落ち込んだとき.
＊心配事があるとき.

③**気まずさ. 冷や汗**.
＊失敗したとき.

④**照れ**.

⑤**頭痛**.

usage 使われ方

使用頻度	性別	年齢	親密度	形式度	品位
○	M>MF	A	L	N	N

M:MALE F:FEMALE A:ADULT C:CHILD H:HIGH L:LOW N:NORMAL

使用頻度	自分が使うか……よく使う8％　時々使う43％　**使わない49％**
	見たことがあるか……よく見る23％　**時々見る64％**　ない13％
性　別	**男性がよく使う62％**　男女とも使う37％　女性がよく使う1％
年　齢	**大人が使う94％**（年配49％　若者5％　両方40％）
	子供が使う0％
	大人も子供も使う6％
親密度	親しい間柄の人に用いる26％　**誰にでも使える74％**
形式度	形式的な堅苦しいしぐさ9％　**普通81％**　リラックスしたしぐさ10％
品位	上品なしぐさ1％　**普通92％**　下品なしぐさ7％

> 使用頻度は，自分が「よく使う」と「時々使う」を合わせると約5割．「他の人がするのを見たことがあるか」に対しては，「よく見る」と「時々見る」で約9割と，かなり高い割合を示しています．男女ともに使いますが，どちらかと言えば大人の男性，特に年配の男性が多く使う動作です．誰に対しても使うことができます．形式度と品位は「普通」です．

comparison　比較（英米人の意見より）

困惑・考え事・心配などの意味で同様に使うという意見が大勢を占めました．男女ともに使いますが多くは大人が使います．同じ意味を表す他の動作としては以下のようなものが挙げられました．
・両手で頭を抱える．
・目を閉じて目頭を指で押さえる．

J-8. 額を叩く

action 動作
片手で軽くこぶしを作り，額を軽く叩く．

meaning 意味
①自分の失敗を責める．自己嫌悪．
*失敗したとき．
*自分を戒めるとき．
 「しまった！」
②自分の間違いを反省する．自分に言い聞かせる．
*何かを勘違いしたとき．
③自分の行動を後悔する．
*状況の悪化を悔やむとき．
*自分の悪い癖が出たとき．

usage 使われ方

使用頻度	性別	年齢	親密度	形式度	品位
○	M>MF	A	L>H	N>L	N

M:MALE F:FEMALE A:ADULT C:CHILD H:HIGH L:LOW N:NORMAL

使用頻度　自分が使うか……よく使う5%　時々使う55%　使わない40%
　　　　　見たことがあるか……よく見る11%　時々見る79%　ない10%
性　別　　男性がよく使う49%　男女とも使う48%　女性がよく使う3%
年　齢　　大人が使う88%（年配8%　若者21%　両方59%）
　　　　　子供が使う0%
　　　　　大人も子供も使う12%

親密度	親しい間柄の人に用いる45％	誰にでも使える55％
形式度	形式的な堅苦しいしぐさ5％	普通60％　リラックスしたしぐさ35％
品位	上品なしぐさ0％　**普通86％**	下品なしぐさ14％

> 自分が「よく使う」と「時々使う」で6割，他の人がするのを「よく見る」と「時々見る」で9割を占め，よく使われる動作と言えます．男女とも使いますが，どちらかと言えば大人の男性がよく使うようです．形式度は低めで，リラックスした動作という回答が35％ありました．品位は「普通」です．

`comparison` 比較（英米人の意見より）

同様の意味で使う場合は，こぶしではなく平手や手首のところで額を叩くという意見がありました．自分へのいら立ちやストレスなどを表すその他の動作としては，以下のようなものが挙げられました．

・指を鳴らして舌打ちする．
・テーブルをこぶしで叩く．
・ももを叩く．
・叫びながら頭を振る．
・舌打ちしながら足を踏み鳴らす．

J-9. 額を掻く

action 動作
片手を額に持っていき，指で前髪のあたりを掻く．

meaning 意味
①謝罪．反省．
＊約束の時間に遅れたとき．
＊相手に申し訳ないと思うとき．
②気まずさ．言いにくさ．
＊言い訳をするとき．
＊ばつが悪いとき．
③照れ．照れ隠し．
＊体裁が悪いとき．
＊きまりが悪いとき．

usage 使われ方

使用頻度	性別	年齢	親密度	形式度	品位
○	M>MF	A>AC	H>L	N>L	N>L

M:MALE F:FEMALE A:ADULT C:CHILD H:HIGH L:LOW N:NORMAL

使用頻度	自分が使うか……よく使う1%　時々使う37%　**使わない62%** 見たことがあるか……よく見る15%　**時々見る72%**　ない13%
性　別	**男性がよく使う62%**　男女とも使う36%　女性がよく使う2%
年　齢	**大人が使う77%**（年配10%　若者23%　両方44%） 子供が使う1% 大人も子供も使う22%

親密度	親しい間柄の人に用いる51％　誰にでも使える49％
形式度	形式的な堅苦しいしぐさ4％　普通67％　リラックスしたしぐさ29％
品位	上品なしぐさ0％　普通80％　下品なしぐさ20％

> 自分では使わないとの回答が6割ありましたが，これは女性が「自分ではしない」と多く回答したためでしょう．他の人がするのを「よく見る」と「時々見る」は8割強で，実際には，日常よく見かけるしぐさと言えるでしょう．大人の男性が使うことが多いです．誰に対しても使いますが，親しい人に使うというほうがわずかに多いです．形式度は「普通」から「リラックス」と低めです．品位は「普通」ですが，「低い」という回答も2割ありました．

comparison　比較（英米人の意見より）

「頭痛・疲労といった意味では使うが，謝罪の意味では使わない」という意見がある一方で，「自分のしたことを恥じている・謝罪という意味で同様に使う」という意見も見られました．謝罪の動作として挙げられたのは，以下のものです．

・"I'm sorry." と言って下を向く．
・謝りながら，うなずくように頭を下げる．
・頭を下げて片手で目のあたりを覆う．

J-10. 冷や汗を拭く

action 動作
冷や汗をかき，ハンカチで額をぬぐう．

meaning 意味
①気疲れ．疲れ．
* 上司といるとき．
* 息が詰まりそうなとき．
②緊張．
* かたくなっているとき．
* 気を使うとき．
* 地位の高い人といっしょにいるとき．
③焦り．困惑．
* 気まずいことがあったとき．
* 恥をかいたとき．
 「まいったなあ」
④あがっている．
* 好意を持っている人といっしょにいるとき．

usage 使われ方

使用頻度	性別	年齢	親密度	形式度	品位
○	M>MF	A	L	N>H	N

M:MALE F:FEMALE A:ADULT C:CHILD H:HIGH L:LOW N:NORMAL

使用頻度　自分が使うか……よく使う1%　時々使う28%　**使わない71%**
　　　　　見たことがあるか……よく見る12%　**時々見る74%**　ない14%
性　別　　**男性がよく使う64%**　男女とも使う33%　女性がよく使う3%

年　齢	大人が使う98％（年配69％　若者10％　両方19％） 子供が使う0％ 大人も子供も使う2％
親密度	親しい間柄の人に用いる5％　誰にでも使える95％
形式度	形式的な堅苦しいしぐさ24％　**普通73％**　リラックスしたしぐさ3％
品位	上品なしぐさ7％　**普通90％**　下品なしぐさ3％

> 自分では使わないとの回答は約7割にも達しましたが，他の人がするのを「よく見る」と「時々見る」は9割弱と，実際にはよく使われていると考えられます．男性のほうが多く使い，大人特に年配の人が多く使います．誰に対しても使え，形式度は「普通」です．しかし，堅苦しいしぐさだという回答も多く，上司といるときなど，このしぐさを使うときの状況を反映していると考えられます．

comparison　比較（英米人の意見より）

緊張感・神経質になっている状態・心配・困惑・暑い…などの意味で同様に使います．しかし，きちんとたたんだハンカチで冷や汗をぬぐうという点に違和感があるという回答が大半を占めました．ハンカチに対する意見は，以下の通りです．

・ハンカチを広げて使うのが通常．
・ハンカチは四角にたたまない．
・ハンカチはあまり持ち歩かないので手で汗をぬぐう．
・ハンカチは鼻をかむために使うので，額の汗は手の甲でぬぐう．

J-11. 頬づえ（+憂鬱顔）

action 動作

机に両ひじをつき，両手の手のひらに顔をのせる．元気のない憂鬱な表情を伴う．目も伏し目がちになる．片手ですることもある．

meaning 意味

①**考え事をしている．**
＊物思いにふけっているとき．
＊自分の世界に浸っているとき．
②**ぼんやりしている．**
＊気分が乗らないとき．
＊やる気がでないとき．
③**憂鬱．**
＊疲れたとき．
＊落ち込んだとき．
＊途方に暮れたとき．
④**あきらめ．**
＊投げやりになっているとき．
＊相手に愚痴をこぼしているとき．
⑤**退屈．**
＊何かに飽きたとき

usage 使われ方

使用頻度	性別	年齢	親密度	形式度	品位
○	MF>F	A>AC	H	L	N

M:MALE F:FEMALE A:ADULT C:CHILD H:HIGH L:LOW N:NORMAL

使用頻度	自分が使うか……よく使う26％　**時々使う64％**　使わない10％
	見たことがあるか……よく見る27％　**時々見る68％**　ない5％
性　別	男性がよく使う0％　**男女とも使う65％**　女性がよく使う35％
年　齢	**大人が使う65％**（年配10％　若者11％　両方44％）
	子供が使う0％
	大人も子供も使う35％
親密度	**親しい間柄の人に用いる76％**　誰にでも使える24％
形式度	形式的な堅苦しいしぐさ2％　普通26％　**リラックスしたしぐさ72％**
品位	上品なしぐさ0％　**普通78％**　下品なしぐさ22％

> 自分が「よく使う」が3割弱,「時々使う」が6割強と, 特に自分でよく使うとの回答が多い動作の一つです. 他の人がするのを「よく見る」と「時々見る」を合わせると95％にもなり, この数字からも使用頻度の高いしぐさだと言えます. 男女ともに使いますが, 男性よりは女性のほうがより多く使います. 大人も子供も使います. 親しい人の前でのリラックスしたしぐさです. 品位は「普通」です.

comparison　比較（英米人の意見より）

憂鬱な顔で頬づえをつくのは, 次のような状況であるということです.
・絶望感や悲しみ, 憂鬱を表すとき
・落ち込んでいるとき
・考え事をしているとき
・疲れているとき
・退屈しているとき
また, 片手で頬づえをつくこともあります.

J-12. 頬づえ(+笑顔)

action 動作

机に両ひじをつき,両手で頬杖をつきながら相手と話をする.楽しそうな笑顔を伴う.片手ですることもある.

meaning 意味

①親しい友人と話に夢中になっている.
②リラックスしている.
＊親しい人と話をするとき.
＊後輩など,目下の人と話をするとき.
③考え事をしている.
＊憧れ,夢など,よいことを考えているとき.
＊昔のことを懐かしく思い出しているとき.
④相手を見下し,からかっている.

usage 使われ方

使用頻度	性別	年齢	親密度	形式度	品位
○	F>MF	A>AC	H>L	L	L>N

M:MALE F:FEMALE A:ADULT C:CHILD H:HIGH L:LOW N:NORMAL

使用頻度　自分が使うか……よく使う9%　時々使う33%　使わない58%
　　　　　見たことがあるか……よく見る25%　時々見る61%　ない14%
性　別　　男性がよく使う1%　男女とも使う38%　女性がよく使う61%

年　齢	大人が使う57％（年配0％　若者42％　両方15％） 子供が使う3％ 大人も子供も使う40％
親密度	親しい間柄の人に用いる60％　誰にでも使える40％
形式度	形式的な堅苦しいしぐさ2％　普通27％　リラックスしたしぐさ71％
品位	上品なしぐさ0％　普通44％　**下品なしぐさ56％**

> 自分では「使わない」が6割弱でしたが，他の人がするのを「よく見る」と「時々見る」を合わせると8割強になり，実際にはよく見かける動作と言えるでしょう．「女性が使う」が61％で，男性の1％に比べると圧倒的に多い数字になっています．大人も子供も使いますが，大人では特に若者が多く使うしぐさです．形式度・品位はともに低く，「リラックスしたしぐさ」「下品なしぐさ」だという認識が多いです．「下品なしぐさ」との認識は意味④によるものでしょう．

comparison 比較（英米人の意見より）

頬づえをつくのは，次のような状況のときに同様に使うというのが大半の意見でした．

・相手のおもしろい話を聞くとき．
・憧れなど夢見心地のとき．

また，相手も同じように頬づえをついて2人で見つめ合っていれば恋人同士だということです．

J-13. ふくれっ面

action 動作
両頬，あるいは片頬を少しふくらませ，口を曲げ，怒った顔をする．

meaning 意味
①**不満．不機嫌．**
＊むっとしているとき．
＊ふてくされているとき．
＊自分の意見が通らないとき．
＊いらいらしているとき．
②**怒り．腹を立てる．**
＊約束を破られたとき．
＊失礼なことを言われたとき．
＊気が立っているとき．
③**すねている．**
＊相手に甘えているとき．
＊気に入らないことがあるとき．
④**納得がいかない．**
＊自分の思い通りにことが進まないとき．

usage 使われ方

使用頻度	性 別	年 齢	親密度	形式度	品 位
○	F>MF	A>AC	H	L>N	L>N

M:MALE F:FEMALE A:ADULT C:CHILD H:HIGH L:LOW N:NORMAL

使用頻度	自分が使うか……よく使う17%　**時々使う52%**　使わない31%
	見たことがあるか……よく見る24%　**時々見る71%**　ない5%
性別	男性がよく使う0%　男女とも使う24%　**女性がよく使う76%**
年齢	**大人が使う43%**（年配30%　若者1%　両方12%）
	子供が使う16%
	大人も子供も使う41%
親密度	**親しい間柄の人に用いる73%**　誰にでも使える27%
形式度	形式的な堅苦しいしぐさ0%　普通31%　**リラックスしたしぐさ69%**
品位	上品なしぐさ0%　普通49%　**下品なしぐさ51%**

> 自分が使うかとの問いに対して,「よく使う」と「時々使う」で約7割,他の人がするのを「よく見る」と「時々見る」では95%にも達し,よく使われる表情と言えるでしょう.男女ともに使いますが,女性のほうが多く使う表情です.大人も子供も使います.子供もよくする表情であることから,大人の女性がすると「子供っぽい表情」と受け取られます.親しい人に対して,リラックスした状況で使い,品位は「下品」と「普通」が半々を示しました.

`comparison` 比較（英米人の意見より）

同様に,いら立ち・嫌悪感・不満・不愉快・怒りを表します.男女とも大人も子供も使うという回答が多くありましたが,子供っぽい表情だという意見も見られました.共通点が多い表情で,口の感じなどがまったくその通りだという意見がある一方で,不満を表すには頬はふくらませずに,口をとがらせるだけだというイギリス人女性の意見もありました.

J-14. 片手を頰に当てる

action 動作
指をそろえた片手の甲を反対側の頰に当てる.

meaning 意味
①女々しい男性.
　「あの人これじゃないの?」
②内緒話.
＊秘密の話,うわさ話,陰口,悪口を言うとき.
③女性の笑い.
＊「おーっほっほ…」と女性が笑うようすを,芝居がかって強調するとき.

usage 使われ方

使用頻度	性別	年齢	親密度	形式度	品位
△	MF>M	A	H	L	L

M:MALE F:FEMALE A:ADULT C:CHILD H:HIGH L:LOW N:NORMAL

使用頻度	自分が使うか……よく使う3％　時々使う18％　**使わない79％**
	見たことがあるか……よく見る5％　**時々見る59％**　ない36％
性　別	男性がよく使う41％　**男女とも使う51％**　女性がよく使う8％
年　齢	**大人が使う77％**（年配16％　若者34％　両方27％）
	子供が使う0％

	大人も子供も使う 23%
親密度	親しい間柄の人に用いる 69%　誰にでも使える 31%
形式度	形式的な堅苦しいしぐさ 2%　普通 30%　リラックスしたしぐさ 68%
品位	上品なしぐさ 2%　普通 30%　下品なしぐさ 68%

> 使用頻度は「自分では使わない」と答えた人が8割弱いますが,他の人がするのを「よく見る」と「時々見る」では約6割を占めており,実際には時々使われていると考えられます.男女ともが親しい間柄の人に対して使います.くだけたしぐさで,「下品なしぐさ」だとの回答が約7割ありましたが,①以外の意味では,特に下品なしぐさではありません.

comparison　比較（英米人の意見より）

「人のうわさをしていたり,秘密の話をしているように見える」が,「①や③の意味では使わない」との回答でした.①の意味では「ぐんにゃりした手首」の動きが使われます.片手を1回やわらかく動かしたり,手首を曲げたままにしたり,腕を伸ばして手のひらを下に向け上から下へやわらかく動かしたりします.

---
plus alpha

特定の仲間の間にだけ通用する特別の語のことを「隠語」と言います.語彙の代わりに使われる動作（「表象動作（emblem）」）の中にはこの隠語の役を果たすものもあり,この動作の意味①はこれに当たります.この他には,「小指を立てる（愛人）」「おちょこ手（酒）」「親指と人差し指で輪を作る（お金）」などがあります.

J-15. 胸に手を当てる

action 動作

両手を胸の前で握り合わせる．あるいは両手を重ねて胸に当てる．片手を胸に当てることもある．

meaning 意味

安心．安堵の気持ち．
＊心配事が無事に解決したとき．
＊物事がよい方向に向かったとき．
＊ほっとひと安心したとき．
　「ああ，よかった！」

usage 使われ方

使用頻度	性 別	年 齢	親密度	形式度	品 位
○	F	A	L>H	N>L	N

M:MALE F:FEMALE A:ADULT C:CHILD H:HIGH L:LOW N:NORMAL

使用頻度	自分が使うか……**よく使う13％　時々使う44％**　使わない43％
	見たことがあるか……よく見る21％　**時々見る69％**　ない10％
性　別	男性がよく使う3％　男女とも使う17％　**女性がよく使う80％**
年　齢	**大人が使う73％**（年配3％　若者36％　両方34％）
	子供が使う5％
	大人も子供も使う22％
親密度	親しい間柄の人に用いる46％　**誰にでも使える54％**
形式度	形式的な堅苦しいしぐさ0％　**普通67％**　リラックスしたしぐさ33％
品位	上品なしぐさ5％　**普通92％**　下品なしぐさ3％

自分が「よく使う」と「時々使う」で6割弱ですが,他の人がするのを「よく見る」は2割強,「時々見る」を加えると9割となり,日常よく見かけるしぐさだと言えるでしょう.おもに大人が使いますが,子供も使います.「誰にでも使える」と「親しい間柄の人に使う」は,それぞれ半々です.形式度は「普通」から低めで,「リラックスした動作」は3割強を示しました.品位は「普通」です.

comparison 比較(英米人の意見より)

安堵の意味で同様に使いますが,両手よりも片手を胸に当てるほうがよく使われます.女性がよく使い,親しい相手に対するインフォーマルなしぐさです.このほかに安堵を表すしぐさとしては,以下のようなものが挙げられました.

・額の汗をぬぐって振り切るまねをする.
・大きなため息をつき,"Whew!"と言う.

J-16. 胸の前で手を合わせる（＋笑顔）

action 動作

両手を胸の前で合わせる．合わせた手は身体につけるように近づけ，少し横に曲げるか，まっすぐに立てる．笑顔・うれしそうな表情を伴う．

meaning 意味

①うれしさ．喜び．
＊思いがけずにうれしいことがあったとき．
「わぁ，うれしい！」「ラッキー！」
②感謝の気持ち．
＊人が何かしてくれたとき．
＊プレゼントなどをもらったとき．
「ありがとう！」

usage 使われ方

使用頻度	性別	年齢	親密度	形式度	品位
○	F	A	H	N>L	N

M:MALE F:FEMALE A:ADULT C:CHILD H:HIGH L:LOW N:NORMAL

使用頻度	自分が使うか……よく使う8％　時々使う25％　使わない67％
	見たことがあるか……よく見る11％　**時々見る72％**　ない17％
性　別	男性がよく使う0％　男女とも使う7％　**女性がよく使う93％**
年　齢	**大人が使う84％**（年配23％　若者28％　両方33％）
	子供が使う1％
	大人も子供も使う15％

親密度	親しい間柄の人に用いる66％	誰にでも使える34％
形式度	形式的な堅苦しいしぐさ12％	普通48％ リラックスしたしぐさ40％
品位	上品なしぐさ5％ 普通92％	下品なしぐさ3％

> 「自分では使わない」が7割弱ですが，その一方で，他の人がするのを「よく見る」と「時々見る」で8割強を示しています．女性が多く使うという回答は93％にもなりました．年配の女性も若い女性も使います．親しい人に対して使うリラックスした動作です．品位は「普通」です．

comparison　比較（英米人の意見より）

幸福感・感謝・喜びなどを表す共通のしぐさです．また，「祈りのポーズ」「子供っぽい」「女性のしぐさ」などの意見もありました．バリエーションとして，以下のものが挙げられました．
・両手をもっと下方で合わせる．
・胸の前で両手を重ねる．
・両手を広げて，感謝の意を述べる．

J-17. あごに手をやる

action 動作

片手の親指と人差し指の間であごをはさむようにする．他の指は軽く握った状態．人差し指は口にかかることもある．考えている表情を伴う．

meaning 意味

①熟考．
＊考え込んでいるとき．
＊思案しているとき．
②疑問．
＊不信なことがあるとき．
＊怪しんでいるとき．
③記憶．
＊何かを思い出そうとしているとき．
④決断．
＊返事をしかねているとき．
＊決断を迷っているとき．
⑤困惑．
＊困っているとき．
＊悩んでいるとき．

usage 使われ方

使用頻度	性別	年齢	親密度	形式度	品位
◎	M>MF	A	L	N	N

M:MALE F:FEMALE A:ADULT C:CHILD H:HIGH L:LOW N:NORMAL

使用頻度	自分が使うか……よく使う24％　時々使う38％　使わない38％
	見たことがあるか……よく見る34％　時々見る56％　ない10％
性　別	男性がよく使う60％　男女とも使う39％　女性がよく使う1％
年　齢	大人が使う96％（年配19％　若者19％　両方58％）
	子供が使う0％
	大人も子供も使う4％
親密度	親しい間柄の人に用いる26％　誰にでも使える74％
形式度	形式的な堅苦しいしぐさ10％　普通77％　リラックスしたしぐさ13％
品位	上品なしぐさ0％　普通89％　下品なしぐさ11％

> 自分が「よく使う」と「時々使う」で6割強，他の人がしているのを「よく見る」と「時々見る」で9割を占め，使用頻度はかなり高い動作と言えます．男女ともに使いますが，男性のほうが多く使う傾向にあります．大人が使う動作で，親密度は低くても使えます．形式度・品位ともに「普通」です．

comparison　比較（英米人の意見より）

真剣に注意深く考えていたり決定を必要とする際に，「熟考している」などの意味で同様に使うとの回答です．大人が使う傾向にあります．同様の意味を表す動作としては，以下のようなものが挙げられました．

・机にひじをつき，あごを手のひらやこぶしに乗せる．
・机にひじをつき，額を片手の親指と人差し指で支えたり，手のひらで支える．
・腕組みをして唇をすぼめ眉を寄せる．
・指やえんぴつなどで机を軽く叩く．

J-18. あごをさする

action 動作

片手の親指と人差し指の間を広げ，あごに当てる．あごひげをなでるように人差し指を動かす．笑顔やにやっとしているような表情を伴う．

meaning 意味

①空想．
*物思いにふけるとき．
*期待をふくらませるとき．
②名案．
*何かいい考えを思いついたとき．
*自分に都合のよいことを考えついたとき．
③感心．
*相手の行為に感心するとき．
*なるほどと納得するとき．

usage 使われ方

使用頻度	性別	年齢	親密度	形式度	品位
○	M>MF	A	L>H	N>L	N

M:MALE F:FEMALE A:ADULT C:CHILD H:HIGH L:LOW N:NORMAL

使用頻度　自分が使うか……よく使う5%　時々使う32%　使わない63%
　　　　　見たことがあるか……よく見る5%　時々見る70%　ない25%
性　別　　男性がよく使う59%　男女とも使う41%　女性がよく使う0%

年　齢	大人が使う86％（年配44％　若者7％　両方35％） 子供が使う0％ 大人も子供も使う14％
親密度	親しい間柄の人に用いる48％　誰にでも使える52％
形式度	形式的な堅苦しいしぐさ0％　普通57％　リラックスしたしぐさ43％
品位	上品なしぐさ0％　**普通97％**　下品なしぐさ3％

> 自分では「使わない」が6割強ですが，これには若い人の意見が反映されているようです．他の人がするのを「よく見る」と「時々見る」では7割強を示しており，実際にはよく見かけるしぐさだと言えるでしょう．どちらかと言えば，年配の男性がよく使います．「リラックスした動作」であるという回答は4割強を示しました．品位は「普通」です．

comparison 比較（英米人の意見より）

何かよい事を考えている，自分に利益のあることを思い浮かべているなどの意味で同様に使います．男性が多く使うという意見も見られました．同様の意味を表すしぐさとしては，以下のようなものが挙げられました．

・かすかに笑いを浮かべながら軽くうなずく．
・笑いを浮かべながら両手であごを支える．
・女性は人差し指を頬に当てる．

J-19. あごを上げる

action 動作

相手に向かってあごを上げる．意味①②では，相手のほうへ顔をまっすぐにして上げるが，意味③④では，視線を外して顔を少し横向きにしてあごを上げる．

meaning 意味

①威嚇．挑戦．強気に出る
＊相手に意地を張りたいとき．
＊強気で相手に立ち向かうとき．
②反抗．歯向かう．開き直り．むっとする．
＊自分の意見が正しいと思うとき．
＊腹が立ったとき．
＊反論するとき．
＊怒られても反省できないとき．
③相手を見下す．
＊相手をばかにしているとき．
＊つんとしているとき．
＊相手の意見を聞き入れる気がないとき．
④とぼける．
＊分かっているのに分からないふりをするとき．
＊知らんぷりするとき．
＊話を聞き流すとき．

usage 使われ方

使用頻度	性別	年齢	親密度	形式度	品位
△	MF>M	C>AC	H>L	N>L	L>N

M:MALE F:FEMALE A:ADULT C:CHILD H:HIGH L:LOW N:NORMAL

使用頻度	自分が使うか……よく使う4%　時々使う22%　**使わない74%**
	見たことがあるか……よく見る3%　**時々見る54%**　ない43%
性　別	男性がよく使う25%　**男女とも使う68%**　女性がよく使う7%
年　齢	大人が使う19%（年配2%　若者11%　両方6%）
	子供が使う45%
	大人も子供も使う36%
親密度	**親しい間柄の人に用いる58%**　誰にでも使える42%
形式度	形式的な堅苦しいしぐさ2%　**普通52%**　リラックスしたしぐさ46%
品位	上品なしぐさ0%　普通46%　**下品なしぐさ54%**

子供のする動作です．「自分では使わない」との回答が7割を超えていますが，これは，年齢の項目で「子供が使う」が45%を占めたのに対し，「大人が使う」が19%であることを考慮すれば，「大人である現在は使わない」と解釈できるでしょう．他の人がするのを「よく見る」と「時々見る」は6割弱です．男女ともに使い，親しい人に対して使うことが多い動作です．「リラックスしたしぐさ」「下品なしぐさ」だという回答が約半数を占めました．この場合の「下品」だというのは，相手に対して失礼なしぐさであるということでしょう．

comparison　比較（英米人の意見より）

反抗・挑戦・強情・頑固などの気持ちを表し，同様に使われるという意見が多く見られました．男女ともに使うが子供っぽいしぐさだという意見も多くありました．インフォーマルで無作法なしぐさです．この他に同様の意味でする動作として，以下のものが挙げられました．，
・口をきっと結んで顔をそらす．
・しかめ面をする．
・相手に背を向けて腕を組む．

J-20. 聞き耳を立てる

action 動作
片手を広げ，親指側を耳の後ろに当てる．

meaning 意味
よく聞こえない．
* 相手の言っていることがよく聞こえないとき．
* もう一度聞き返すとき．
* いやな話をはぐらかすとき．
「もう一度言って」「え，なあに？」

usage 使われ方

使用頻度	性別	年齢	親密度	形式度	品位
◎	MF	AC>A	H	L>N	N

M:MALE F:FEMALE A:ADULT C:CHILD H:HIGH L:LOW N:NORMAL

使用頻度	自分が使うか……よく使う16％　**時々使う62％**　使わない22％
	見たことがあるか……よく見る35％　**時々見る61％**　ない4％
性　別	男性がよく使う4％　**男女とも使う73％**　女性がよく使う23％
年　齢	大人が使う43％（年配7％　若者1％　両方35％）
	子供が使う1％
	大人も子供も使う56％
親密度	**親しい間柄の人に用いる69％**　誰にでも使える31％
形式度	形式的な堅苦しいしぐさ1％　普通42％　**リラックスしたしぐさ57％**
品　位	上品なしぐさ1％　**普通92％**　下品なしぐさ7％

自分でも「よく使う」と「時々使う」が8割弱を示し，他の人がするのを「よく見る」と「時々見る」では96％と，かなり高い使用頻度を示しています．日常生活で非常によく見かけるしぐさと言えるでしょう．男女とも大人も子供も使い，親しい間柄の人に使います．どちらかと言えばリラックスしたしぐさで，品位は「普通」です．

comparison 比較（英米人の意見より）

「聞こえない」「もっと大きい声で話して」などの意味で，通常大人が同様に使うとの意見が多くありました．手は耳の後ろにつけ，頭を少し傾けるとの意見もありました．

plus alpha

授業中に学生の質問や発言を聞いていても，大教室の場合，よく聞こえないことが多々あります．そのようなときに教師がよく使う動作です．声を出さなくても動作だけでその意味が伝えられる，つまり語彙に近い動作を「表象動作（emblem）」と言います．この他にも，「両腕をクロスさせる（否定）」「人差し指を立てる（静かに）」「OKサイン（OK）」「両手を合わせる（お願い）」「鼻を指差す（私）」などがあります．

J-21. 泣く（両手で顔を覆う）

action 動作

両手を顔に当てて泣く．

meaning 意味

①**深い悲しみ．**
＊悲嘆にくれたとき．
②**失意．**
＊非常に落胆したとき．
③**困惑．**
＊どうしたらよいか分からないとき．
＊相手に責められたときなど．

usage 使われ方

使用頻度	性別	年齢	親密度	形式度	品位
○	F	A	L	N	N

M:MALE F:FEMALE A:ADULT C:CHILD H:HIGH L:LOW N:NORMAL

使用頻度　自分が使うか……よく使う4％　時々使う40％　**使わない56％**
　　　　　見たことがあるか……よく見る16％　**時々見る66％**　ない18％
性　別　　男性がよく使う1％　男女とも使う4％　**女性がよく使う95％**
年　齢　　**大人が使う82％**（年配18％　若者15％　両方49％）
　　　　　子供が使う0％
　　　　　大人も子供も使う18％

親密度　　親しい間柄の人に用いる27％　誰にでも使える73％
形式度　　形式的な堅苦しいしぐさ6％　普通84％　リラックスしたしぐさ10％
品位　　　上品なしぐさ8％　普通91％　下品なしぐさ1％

使用頻度は自分が使うか否かは半々ですが，他人がするのを「よく見る」と「時々見る」を合わせると8割を超えています．性別では「女性がよく使う」が95％にものぼり，大人の女性の泣く動作の一つとしてとらえられているようです．形式度と品位は「普通」です．

comparison　比較（英米人の意見より）

この動作は泣いているところであり，悲しみを表すということでは共通であるという意見が多くありました．男女ともに使いますが，女性のほうが多く使う傾向にあるという点も共通です．

EYE

J-22. 泣く（片手で涙をぬぐう）

action 動作

片手を軽く握り，顔を隠しながら涙をぬぐう．

meaning 意味

①悲しみ．
＊人知れず涙を流したいとき．
＊悲しみをこらえているとき．
②悔しさ．
＊悔し涙を流すとき．
③失意．
＊落ち込んだとき．
④むなしさ．
＊やりきれないとき．
⑤うれしさ．
＊泣きたいほどうれしいとき．

usage 使われ方

使用頻度	性別	年齢	親密度	形式度	品位
△	M	A	L>H	N	N

M:MALE F:FEMALE A:ADULT C:CHILD H:HIGH L:LOW N:NORMAL

使用頻度	自分が使うか……よく使う1％　時々使う22％　**使わない77％**
	見たことがあるか……よく見る8％　**時々見る55％**　ない37％
性　別	**男性がよく使う72％**　男女とも使う25％　女性がよく使う3％
年　齢	大人が使う83％（年配32％　若者7％　両方44％）

　　　　子供が使う0％
　　　　大人も子供も使う17％
親密度　親しい間柄の人に用いる40％　誰にでも使える60％
形式度　形式的な堅苦しいしぐさ4％　普通78％　リラックスしたしぐさ18％
品位　　上品なしぐさ5％　普通92％　下品なしぐさ3％

使用頻度には，「自分では使わない」との回答が8割弱を示しました．他人がするのを「よく見る」と「時々見る」を合わせても6割強です．「大人の男性が使う」との回答が多くみられたのですが，大人の男性が人前で泣くことは少ないことからも，それほど使われるしぐさではないと言えるでしょう．ただ，涙をぬぐうときに片手を使うことは男女ともします．

comparison 比較（英米人の意見より）

この動作は泣いているところで，悲しみを表しているという点では共通だという回答です．涙をぬぐう動作としては，以下のような例が挙げられました．
・両手の手のひらで顔を覆う．
・手首のところで涙をぬぐう．
・片手の指先で涙をぬぐう．
男女とも使いますが，男性のほうが多く使うとの回答もあり，女性はハンカチやティッシュで顔を覆うという意見もありました．

EYE

J-23. 泣く（ハンカチを目に当てる）

action 動作
四角にたたんだハンカチを目頭に当て，涙があふれるのを押さえつつ泣く．

meaning 意味
①悲しみ．
＊涙が止まらないとき．
＊泣き顔を隠したいとき．
②後悔．
＊悔やんでいるとき．
③落胆．
＊落ち込んでいるとき．

usage 使われ方

使用頻度	性別	年齢	親密度	形式度	品位
△	MF>F	A	L	N>H	N>H

M:MALE F:FEMALE A:ADULT C:CHILD H:HIGH L:LOW N:NORMAL

使用頻度	自分が使うか……よく使う2％　時々使う30％　**使わない68％** 見たことがあるか……よく見る10％　**時々見る67％**　ない23％
性　別	男性がよく使う5％　**男女とも使う48％**　女性がよく使う47％
年　齢	**大人が使う87％**（年配32％　若者1％　両方54％） 子供が使う0％ 大人も子供も使う13％
親密度	親しい間柄の人に用いる25％　**誰にでも使える75％**
形式度	形式的な堅苦しいしぐさ35％　**普通62％**　リラックスしたしぐさ3％
品　位	上品なしぐさ20％　**普通78％**　下品なしぐさ2％

「自分では使わない」という回答が7割弱と多数を占めました．しかし，他の人がするのを「よく見る」と「時々見る」で8割弱を示し，実際には目にすることの多い動作だと言えましょう．「女性がよく使う」は5割弱で，「男女とも使う」も約半数ありました．大人が使い，形式度・品位ともに「普通」から上で，フォーマルな場での品のよい泣き方と言えます．これは，ハンカチをきちんとたたんで用いていることや，感情を抑えていることから来るものだと考えられます．

comparison 比較（英米人の意見より）

悲しくて泣いているのは共通だが，ハンカチの使い方が異なるという意見が多くありました．
・ハンカチは使わずに，手で顔を覆う．
・ハンカチはきちんとたたまないで広げて使う．
・ハンカチで涙をふくときは，目にずっと当てておくのではなく，動かして涙をふく．
また，この図のようにハンカチや大ぶりの財布などで顔を隠すのは，大事な場面で笑ってしまったのを隠すためだという意見もありました．

J-24. OKサイン

action 動作

親指と人差し指で丸を作り，残りの3本の指は立てる．それを，顔の横や身体の前などで相手に見せる．

meaning 意味

①承諾する．承諾を得る．
＊「いいよ」「いい？」の意味で，ことばの代わりに使われる．
②順調
＊物事がうまくいったとき．
＊うまくいきそうなとき．
「うまくいってるよ」
③任せてほしい．
＊依頼に対し，自信を持ってやれるとき．「大丈夫」「心配ない」
④準備完了．
＊準備ができたかどうか問われたとき．
⑤祝福．「よかったじゃない！」「やったね！」「うまくやってるじゃないの！」の意味．

usage 使われ方

使用頻度	性別	年齢	親密度	形式度	品位
○	MF>M	A>AC	H	L>N	N

M:MALE F:FEMALE A:ADULT C:CHILD H:HIGH L:LOW N:NORMAL

使用頻度 自分が使うか……よく使う8％ 時々使う28％ 使わない64％
見たことがあるか……よく見る12％ 時々見る68％ ない20％

性　別	男性がよく使う42%　**男女とも使う58%**　女性がよく使う0%
年　齢	大人が使う55%（年配7%　若者29%　両方19%） 子供が使う5% 大人も子供も使う40%
親密度	親しい間柄の人に用いる72%　誰にでも使える28%
形式度	形式的な堅苦しいしぐさ0%　普通33%　リラックスしたしぐさ67%
品位	上品なしぐさ0%　**普通79%**　下品なしぐさ21%

● ことばの代わりに用いられる表象動作の1つです．最近では一般的な動作ですが，アンケートの結果では，このような状況では「自分では使わない」が6割を超えました．しかし，他の人がするのを「よく見る」と「時々見る」で8割を示しているので，実際にはよく見かけるしぐさでしょう．男女とも使いますが，男性のほうがよく使うという回答が4割ありました．大人，特に若者が使うという回答が3割，大人も子供も使うという回答は4割を占めました．親しい人に使う動作で，リラックスしたしぐさです．品位は「普通」です．

`comparison` 比較（英米人の意見より）

「おめでとう」「よかったね」と相手への祝福を表すときに同様に使うとの回答です．この他に相手を祝福するときの動作としては，以下のようなものが挙げられました．

・力強い握手（男性）．
・握手しながら頭を左右に振り，ほほえむ．
・握手しながらもう一方の手で相手の肩を軽く叩く．
・お互いの肩を叩き合う．
・腕をお互いの肩に回す．

✌ plus alpha ✎

この動作でお金を表すこともあります．ただ，その場合は，手のひらを上に向けることが多いようです．「ちょっとこれが足りないんだ」などと，ことばで「お金」と言わずに表したいときの動作です．

J-25. おちょこ手

action 動作

片手の親指と人差し指で，日本酒のおちょこを持っているように手を構え，その手を口のほうにちょっと傾け，飲むような動作をする．

meaning 意味

①お酒．
②お酒を飲む．
＊お酒を飲むことをことばを使わずに表す．「これ，いけるほう？」「今日はこれだから，先に帰ります」
③飲酒の誘い．
＊飲みに行こうと人を誘うとき．「一杯やらない？」

usage 使われ方

使用頻度	性 別	年 齢	親密度	形式度	品 位
○	M>MF	A	H	L	N>L

M:MALE F:FEMALE A:ADULT C:CHILD H:HIGH L:LOW N:NORMAL

使用頻度	自分が使うか……よく使う4%　時々使う24%　使わない72% 見たことがあるか……よく見る18%　時々見る68%　ない14%
性　別	男性がよく使う50%　男女とも使う47%　女性がよく使う3%
年　齢	大人が使う97%（年配41%　若者7%　両方49%） 子供が使う0% 大人も子供も使う3%
親密度	親しい間柄の人に用いる87%　誰にでも使える13%

形式度	形式的な堅苦しいしぐさ0%　普通23%　リラックスしたしぐさ77%
品位	上品なしぐさ0%　普通56%　下品なしぐさ44%

自分では「使わない」が，約7割を示しましたが，他の人がするのを「よく見る」と「時々見る」を合わせて8割強を示しており，実際にはよく使われているしぐさと言えるでしょう．男女とも使いますが，大人の男性がよく使います．親しい人に対して使う，リラックスしたしぐさで，品位は「普通」ですが，「下品なしぐさ」との意見も4割強ありました．

comparison　比較（英米人の意見より）

アルコール類を飲むと言う意味で同様に使います．手にするのは日本酒のおちょこではなくビールのグラスであるため，手の形はもっと大きなグラスを持っている形になるという意見が多く見られました．また，手を口のほうに持っていくのではなく，ちょっと上に上げるのであれば乾杯の意味になります．手の位置を下げて，親指と人差し指の間をあけ，そのまま動かさなければ，「ほんの少し(just a little)」を意味します．

── ✌plus alpha✎ ──

この動作は，日本酒を飲むときのおちょこを手に持っているところを真似している動作で，「模倣動作 (mimic gesture)」と呼ばれます．他には，「たばこ持ってる？」と聞くときなどに，吸うまねをして「たばこ」を表したり，「何か食べに行かない？」「食事に行ってくるね」などというときに，人差し指と中指の2本を箸に見立てて口に持って行き，「食事」を表したりします．

J-26. 親指で差す

action 動作
片手を軽く握り，親指を立てて，自分の肩越しに後方を指し示す．数回，後ろへ動かすこともある．

meaning 意味
①方向・場所の指示．
＊後方を指し示すとき．
②命令．
＊自分のほうに来るようにという合図をするとき．
③人を誘導するときの合図．
「こっちへこいよ」「こっち，こっち」

usage 使われ方

使用頻度	性 別	年 齢	親密度	形式度	品 位
○	M>MF	A>AC	H	N>L	N>L

M:MALE F:FEMALE A:ADULT C:CHILD H:HIGH L:LOW N:NORMAL

使用頻度　自分が使うか……よく使う7%　**時々使う56%**　使わない37%
　　　　　見たことがあるか……よく見る15%　**時々見る69%**　ない16%
性　別　　**男性がよく使う74%**　男女とも使う26%　女性がよく使う0%
年　齢　　**大人が使う78%**（年配5%　若者41%　両方32%）
　　　　　子供が使う0%
　　　　　大人も子供も使う22%
親密度　　**親しい間柄の人に用いる64%**　誰にでも使える36%

形式度　　　形式的な堅苦しいしぐさ2%　普通56%　リラックスしたしぐさ42%
品位　　　　上品なしぐさ0%　普通61%　下品なしぐさ39%

> 自分が「よく使う」と「時々使う」で6割強，他の人がするのを「よく見る」と「時々見る」で8割強と，日常よく見かける動作だと言えるでしょう．大人の男性，特に若者がよく使います．親しい間柄の人に使い，インフォーマルな動作です．品位は「下品」という認識が4割弱を示しました．

comparison　比較（英米人の意見より）

「こっちへ」などと後方を指し示すときに同様に使うとの回答です．ことばといっしょに用いればそれほど印象は悪くないが，動作だけを用いると，くだけすぎていて失礼になるという意見もありました．同様の意味での動作のバリエーションは，以下の通りです．

・片腕を頭の高さくらいに上げて，手のひらを上にして招く．
・頭をすばやく指し示す方向に動かす．
・指し示すほうを向いてうなずく．

J-27. 人差し指を相手に向ける

action 動作

人差し指を1本立て,指先を相手に向ける.指先を数回振る場合もある.真剣な,あるいは怒ったような表情を伴う.

meaning 意味

①説教.
＊言い聞かせるとき.
②命令.
＊相手を自分の意見に従わせるとき.
③注意の喚起.
＊自分のほうに注意を向けさせるとき.
④威嚇.
＊相手をおどかすとき.
⑤念を押す.
＊相手に確認をとりたいとき.「いい?」
⑥忠告.
「よく聞きなさいよ」
⑦強調.
＊自分の言いたいことを強調するとき.

usage 使われ方

使用頻度	性 別	年 齢	親密度	形式度	品 位
△	M>MF	A	L>H	N	N>L

M:MALE F:FEMALE A:ADULT C:CHILD H:HIGH L:LOW N:NORMAL

使用頻度	自分が使うか……よく使う2%　時々使う27%　**使わない71%**
	見たことがあるか……よく見る10%　**時々見る52%**　ない38%
性　別	**男性がよく使う66%**　男女とも使う34%　女性がよく使う0%
年　齢	**大人が使う91%**（年配43%　若者11%　両方37%）
	子供が使う0%
	大人も子供も使う9%
親密度	親しい間柄の人に用いる42%　**誰にでも使える58%**
形式度	形式的な堅苦しいしぐさ28%　**普通56%**　リラックスしたしぐさ16%
品位	上品なしぐさ1%　**普通67%**　下品なしぐさ32%

> 「自分では使わない」が7割を占め，他の人がするのを「よく見る」と「時々見る」は6割とそれほど使用頻度は高くない動作です．大人の男性の動作で，強い立場の者が弱い者に対して使うと考えられます．形式度は「普通」ですが，多少堅苦しい動作です．品位は「普通」ですが「下品」という回答も3割ありました．

comparison 比較（英米人の意見より）

重要なことを強調する，主張する，真剣さを伝える，怒りを表すなどという意味で同様であるとの回答です．大人が使うことの多い動作です．

J-28. 指差す（近く）

action 動作
片方の人差し指を近くの指示するもののほうに向け，他の指は軽く握る．

meaning 意味
①特定のものを指し示す．
＊質問をするとき．
＊確認するとき．
②特定の人を指し示す．
＊確認するとき．
＊発言する人を指名するとき．

usage 使われ方

使用頻度	性別	年齢	親密度	形式度	品位
◎	MF	AC	H>L	N>L	N>L

M:MALE F:FEMALE A:ADULT C:CHILD H:HIGH L:LOW N:NORMAL

使用頻度	自分が使うか……よく使う32％　時々使う53％　使わない15％
	見たことがあるか……よく見る52％　時々見る45％　ない3％
性　別	男性がよく使う5％　**男女とも使う95％**　女性がよく使う0％
年　齢	大人が使う28％（年配0％　若者7％　両方21％）
	子供が使う5％
	大人も子供も使う67％
親密度	**親しい間柄の人に用いる53％**　誰にでも使える47％
形式度	形式的な堅苦しいしぐさ0％　**普通65％**　リラックスしたしぐさ35％
品位	上品なしぐさ0％　**普通67％**　下品なしぐさ33％

「自分でよく使う」が3割強，他の人がするのを「よく見る」が半数と非常に使用頻度の高い動作です．男女とも，大人も子供も使います．「親しい人に対して使う」と「誰にでも使う」がほぼ半々です．形式度・品位はともに「普通」から低めです．これは，人を直接指差すのは失礼な動作であるため，それを反映した数字と言えるでしょう．

comparison　比較（英米人の意見より）

人や物を指し示すときに同様に使うとの回答です．何かに注目してほしいときや，怒って相手を指し示すときにも使います．また，怒って "you" "that" "there" などのことばを強調する意味でも使います．しかし，知らない人を指差すときや，第三者を指し示すなど，公の場で使うのは，品のない失礼な動作とされます．指差すのではなく，片手全体で指し示すほうが礼儀にかなった動作とされます．

✌plus alpha✎

長年勤めていた会社が外資系の会社と合併し，欧米人社員といっしょに仕事をすることになった年配の男性から聞いた話です．会議のときに司会役になり，発言者をこの動作で指名したら，無礼だとたしなめられ，片手全体で指すように言われたそうです．人差し指を使うと命令調に感じられるのでしょう．

FINGER

J-29. 指差す(遠く)

action 動作
人差し指で,遠方にある物や特定の場所・目的地などを指し示す.

meaning 意味
①**物のある場所を示す.**
＊物がどこにあるか尋ねられたとき.
「あそこ」
②**目的地の方向を示す.**
＊道案内をするとき.
「あの通りの向こう側」「そこの角を曲がって」
③**無言で場所や方向を示す.**
＊口で教えるより早いとき.
＊命令するとき.
＊怒っているとき.

usage 使われ方

使用頻度	性別	年齢	親密度	形式度	品位
◎	MF	AC	L	N>L	N>L

M:MALE F:FEMALE A:ADULT C:CHILD H:HIGH L:LOW N:NORMAL

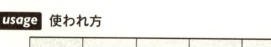

使用頻度　自分が使うか……よく使う19％　時々使う51％　使わない30％
　　　　　見たことがあるか……よく見る32％　時々見る55％　ない13％
性　別　　男性がよく使う5％　**男女とも使う95％**　女性がよく使う0％

年　齢	大人が使う19％（年配1％　若者4％　両方14％） 子供が使う19％ **大人も子供も使う62％**
親密度	親しい間柄の人に用いる29％　**誰にでも使える71％**
形式度	形式的な堅苦しいしぐさ2％　**普通69％**　リラックスしたしぐさ29％
品位	上品なしぐさ1％　**普通75％**　下品なしぐさ24％

> 自分が「よく使う」は2割弱，「時々使う」と合わせて7割を示し，他の人がするのを「よく見る」と「時々見る」で9割弱と，大変よく使われる動作です．男女とも大人も子供も使います．誰に対しても使い，形式度は「普通」から「低め」です．品位は「普通」ですが，「下品なしぐさである」との回答も2割強ありました．遠方といえども，人を指差すのは失礼な動作になるためと考えられます．

`comparison` 比較（英米人の意見より）

遠くにある物や場所を指し示すときに，同様に使うとの回答です．
人を指し示すことは相手に失礼な動作ですが，道案内などで場所を示したりするのはそれにはあたりません．人差し指ではなく手のひら全体で指し示すほうが，より礼儀にかなった丁寧な動作です．

J-30. 人差し指を立てる

action 動作

片手の人差し指を立て，口元に近づける．

meaning 意味

①静かに．
*相手を静かにさせたいとき．
*周りで誰かが騒いでいるとき．
「しーっ」
②内緒．口止め．
*内緒であることを相手に知らせるとき．
*黙っていてほしいとき．

usage 使われ方

使用頻度	性別	年齢	親密度	形式度	品位
◎	MF>F	AC>A	H>L	N>L	N

M:MALE F:FEMALE A:ADULT C:CHILD H:HIGH L:LOW N:NORMAL

使用頻度	自分が使うか……よく使う13%　**時々使う69%**　使わない18% 見たことがあるか……よく見る34%　**時々見る62%**　ない4%
性　別	男性がよく使う3%　**男女とも使う57%**　女性がよく使う40%
年　齢	大人が使う46%（年配5%　若者7%　両方34%） 子供が使う4% **大人も子供も使う50%**

親密度	親しい間柄の人に用いる63％　誰にでも使える37％
形式度	形式的な堅苦しいしぐさ1％　普通68％　リラックスしたしぐさ31％
品位	上品なしぐさ0％　普通88％　下品なしぐさ12％

自分が「よく使う」と「時々使う」で8割強，他の人がするのを「よく見る」と「時々見る」で96％と日常生活で非常によく使われるしぐさと言えます．大人も子供も男女ともに使いますが，男性よりも女性のほうがよく使う傾向が見られます．母親が子供に対して使うことが多い動作です．親しい人に対して使うことが多く，形式度は「普通」ですが「リラックスしたしぐさ」だという回答も3割ありました．品位は「普通」です．

comparison 比較（英米人の意見より）

「静かに」の意味で同様に使うとの回答です．男女とも大人も子供も使うという意見が大半を占めましたが，大人が子供に対して使うという意見も見られました．「静かに」の意味では，以下のようなものが挙げられました．
・唇をすぼめて「しーっ」と言う．
・両手を身体の前で上下させ，空中を押さえるようにする．

J-31. 小指を立てる

action 動作
片手の小指を立て,他の指は軽く握る.

meaning 意味
①女性(愛人).男性がつき合っている女性.
* 不倫のうわさをするとき.
* 冷やかすとき.
* 間接的に愛人を表すとき.
 「あの人,これがいるらしいよ」

usage 使われ方

使用頻度	性別	年齢	親密度	形式度	品位
○	M>MF	A	H	L	L

M:MALE F:FEMALE A:ADULT C:CHILD H:HIGH L:LOW N:NORMAL

使用頻度 自分が使うか……よく使う6% 時々使う28% **使わない66%**
 見たことがあるか……よく見る23% **時々見る64%** ない13%
性 別 男性がよく使う44% 男女とも使う44% 女性がよく使う12%
年 齢 大人が使う98%(年配23% 若者27% 両方48%)
 子供が使う0%
 大人も子供も使う2%
親密度 **親しい間柄の人に用いる92%** 誰にでも使える8%
形式度 形式的な堅苦しいしぐさ0% 普通24% **リラックスしたしぐさ76%**
品 位 上品なしぐさ0% 普通21% **下品なしぐさ79%**

使用頻度は,「自分では使わない」が6割強ですが,他の人がするのを「よく見る」と「時々見る」を合わせると9割弱を示しており,実際に目にすれば,意味は理解される動作と言えるでしょう.男女ともに使いますが,どちらかと言えば大人の男性が使う動作です.形式度は低く,親しい間柄で使います.「下品な動作」との回答が約8割を占めました.これは,隠語的な意味を表す動作の一つの特徴です.

comparison 比較(英米人の意見より)

同様の意味では使わないとの回答です.この動作に対しては,「手話のように見える」「名前ではっきりと言いたくない人のことではないか」などの意見がありました.「女性」を表す意味での他の動作としては,以下のようなものが挙げられました.

・片手を腰に当てる.
・片手を首の後ろに当てて,ひじを高く上げる.
・(特別な女性を表すときには)"her"と言ったときに頭をぐっと引く.

── ✄ plus alpha ✎ ──

この動作は小指を立てるものですが,関連するものとして親指を立てる動作があります.これはもともと「男」「ボス」「頭 (かしら)」などを意味しますが,最近では,欧米で使われるような「だいじょうぶさ」「OK,任せて」「バッチリさ」などの意味で若者が使うようになってきています.

J-32. 指で数える

action 動作

片方の手のひらを自分のほうに向け，
親指・人差し指…と順番に折り曲げて
いき，6以上は小指から順に開いてい
く．そのときに，もう片方の手の人差
し指で，順に折っていく指をさすこと
もある．

meaning 意味

①**数える.**
＊1つ，2つ，3つ…，あるいは，1人，
　2人，3人…などと数えるとき．
②**列挙**
＊いくつかのことを列挙するとき．
　「好きなものは，A，B，C…」
③**確認**
＊いくつかのことを思い出したり，やるべきことを確認したりするとき．
　「明日必要なものは，A，B，C…」
④**考えを整理する.**
　「まず～をして，次に～，三つ目に～…」

usage 使われ方

使用頻度	性　別	年　齢	親密度	形式度	品　位
◎	MF	AC	L	N>L	N

M:MALE F:FEMALE A:ADULT C:CHILD H:HIGH L:LOW N:NORMAL

使用頻度	自分が使うか……よく使う31％　時々使う45％　使わない24％
	見たことがあるか……よく見る37％　時々見る29％　ない34％
性　別	男性がよく使う12％　**男女とも使う88％**　女性がよく使う0％
年　齢	大人が使う33％（年配10％　若者8％　両方15％）
	子供が使う0％
	大人も子供も使う67％
親密度	親しい間柄の人に用いる30％　**誰にでも使える70％**
形式度	形式的な堅苦しいしぐさ1％　**普通69％**　リラックスしたしぐさ30％
品位	上品なしぐさ1％　**普通93％**　下品なしぐさ6％

> 日常よく使う動作です．自分が「よく使う」と「時々使う」を合わせると8割弱と，大変使用頻度が高い動作です．他の動作では，「自分が使う」よりも「他の人がするのを見たことがある」への回答の割合が高いことが多いのですが，この動作では，「よく見る」と「時々見る」で66％と「見たことがある」に対する割合が，「自分が使う」よりも低くなっています．男女とも大人も子供も使います．形式度は「普通」から「低め」，品位は「普通」です．

comparison 比較（英米人の意見より）

数えるときの指の折り方が逆であるため，違和感があるという回答が多くありました．数を数えるときの指の折り方としては，以下のものが挙げられました．．

(1) 手を握り，まず人差し指を立てて1，中指を立てて2・薬指で3・小指で4…，最後に親指を立てて5となる．

(2) 手を握り，まず親指を出して1，人差し指が2，と順に指を上げていき，小指が5となる．

(3) 片手を広げ，小指を折って1，薬指が2，順に折っていって最後に親指を折って5を示す．この数え方のときは，もう一方の手の人差し指で，折った指を押さえるようにして数える．

J-33. 両手を左右に振る

action 動作

両方の手のひらを相手に向け，2〜3回左右に振る．片手ですることもあるが，そのときは手のひらを相手に向ける場合と，手を縦にして左右に振る場合がある．

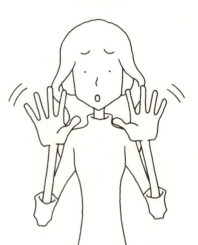

meaning 意味

①拒否．断る．強い拒絶．
＊他の人の頼みを全く受ける気がないとき．
＊いやなことを頼まれたとき．
「とんでもない」
②無理だ．できない．
＊引き受けることができないとき．
「そんなの無理」
③遠慮．
＊申し出・依頼などを遠慮するとき．
＊角が立たないように断るとき．
「結構です」
④否定．
＊相手が言ったことを否定するとき．
「だめだめ」

usage 使われ方

使用頻度	性別	年齢	親密度	形式度	品位
◎	MF>M	A	L>H	N>L	N

M:MALE F:FEMALE A:ADULT C:CHILD H:HIGH L:LOW N:NORMAL

使用頻度	自分が使うか……よく使う12%　**時々使う49%**　使わない39%
	見たことがあるか……よく見る30%　**時々見る66%**　ない4%
性　別	男性がよく使う45%　**男女とも使う50%**　女性がよく使う5%
年　齢	**大人が使う87%**（年配35%　若者6%　両方46%）
	子供が使う1%
	大人も子供も使う12%
親密度	親しい間柄の人に用いる44%　**誰にでも使える56%**
形式度	形式的な堅苦しいしぐさ8%　**普通69%**　リラックスしたしぐさ23%
品位	上品なしぐさ0%　**普通90%**　下品なしぐさ10%

> 自分が「よく使う」と「時々使う」で6割強，他の人がしているのを「よく見る」と「時々見る」で96%をも占めており，使用頻度は高いと言えるでしょう．男女ともに使い，大人がおもに使います．誰にでも使えます．形式度は普通からそれ以下．品位は「普通」が9割を占めています．

comparison　比較（英米人の意見より）

依頼を断るときにはこの動作は使わないとの回答が大半を占めました．断るときには，以下のようにするという意見です．
・ことばで断る．
・頭を左右に振る．
・片方の手のひらを相手に向け，押すような動作をする．
・下に向けた手のひらを体の前で払いのけるようにする．

J-34. 両手を広げる（＋怒った顔）

action 動作

両方の手のひらを相手側に向けて広げ，ひじを軽く曲げる．両肩を少し上げる場合もある．

meaning 意味

①お手上げ．「わけが分からない」
　「なんてことだ」
②怒り．
＊嫌疑をかけられたとき．
＊意外な出来事が起きたとき．
＊自分の損失や被害などを主張するとき．
　「冗談じゃない」「一体どういうことなんだ」
③申し開き，弁明，説明の表現の強調．
＊事態を相手に理解してもらうべく説明しているとき．
＊興奮しているとき．
＊力説しているとき．

usage 使われ方

使用頻度	性 別	年 齢	親密度	形式度	品 位
△	MF>M	A	L>H	N>L	N>L

M:MALE　F:FEMALE　A:ADULT　C:CHILD　H:HIGH　L:LOW　N:NORMAL

使用頻度	自分が使うか……よく使う3%　時々使う28%　**使わない69%** 見たことがあるか……よく見る8%　**時々見る66%**　ない26%
性　別	男性がよく使う48%　**男女とも使う52%**　女性がよく使う0%
年　齢	**大人が使う89%**（年配17%　若者23%　両方49%） 子供が使う0% 大人も子供も使う11%
親密度	親しい間柄の人に用いる25%　**誰にでも使える75%**
形式度	形式的な堅苦しいしぐさ1%　**普通76%**　リラックスしたしぐさ23%
品位	上品なしぐさ0%　**普通75%**　下品なしぐさ25%

> 自分では「よく使う」と「時々使う」で約3割ですが，他の人がするのを「よく見る」と「時々見る」では7割強と，日常生活で見かける動作だということが分かります．男女とも使いますが，どちらかというと男性が多く使います．大人が使う動作で，誰に対しても使えます．形式度・品位ともに「普通」からやや低めです．

comparison　比較（英米人の意見より）

怒った調子で主張したり，説得したりするとき，あるいは "I don't know." （知らないさ）　"How should I know?"（知ってるわけないだろう）　"I don't care."（関係ないさ）　と開き直ったりするときに使います．男女とも，大人も子供も使うインフォーマルな動作だという意見が多くありました．主張をするときのバリエーションとして，以下のようなものが挙げられました．
・片手のこぶしを上下に動かす．
・片手を，肩から腰まで振り下ろす．

69

J-35. 両手を広げる（＋笑顔）

action 動作
顔や肩の高さに両手を上げ，ぱっと広げる．

meaning 意味
①驚き．
* びっくりしたとき．
* びっくりしたことをオーバーに表現するとき．
「えっ」

②うれしさ．喜び．予想外のことに対する喜び．
* うれしさをおもしろおかしく表現するとき．
* 思いがけず，いいことがあったとき．
* 思いがけないプレゼントをもらったとき．
* 思いがけない親切に出会ったとき．

usage 使われ方

使用頻度	性別	年齢	親密度	形式度	品位
○	F	A>AC	H	N>L	N

M:MALE F:FEMALE A:ADULT C:CHILD H:HIGH L:LOW N:NORMAL

使用頻度	自分が使うか……よく使う19％　**時々使う42％**　使わない39％ 見たことがあるか……よく見る23％　**時々見る68％**　ない9％
性　別	男性がよく使う1％　男女とも使う15％　**女性がよく使う84％**
年　齢	**大人が使う56％**（年配0％　若者35％　両方21％） 子供が使う2％

	大人も子供も使う42%
親密度	親しい間柄の人に用いる73%　誰にでも使える27%
形式度	形式的な堅苦しいしぐさ0%　**普通59%**　リラックスしたしぐさ41%
品位	上品なしぐさ0%　**普通90%**　下品なしぐさ10%

> この動作は，男性が「自分では使わない」と答えているケースが多いのですが，他の人がするのを「よく見る」と「時々見る」で9割強と，日常生活でよく使われるしぐさといえるでしょう．女性がよく使うという回答は8割を超えました．大人も子供も使います．親しい人に対して使うことが多く，形式度は「普通」から「リラックス」と低くなっています．品位は「普通」です．

comparison　比較（英米人の意見より）

しぐさが多少大げさで，劇やパントマイムで見られるとの意見もありましたが，喜び・感激・うれしい驚きを意味するという点で共通点の多いしぐさです．女性が多く使うという意見もありました．インフォーマルな動作です．
喜びを表す他のしぐさとしては，以下のようなものが挙げられました．
・手を1回叩く．
・笑いながら手を何度も叩く．
・笑いながら目を大きく見開く．
・女性は片手を広げて胸に当てる．

J-36. 両手で空中を押す

action 動作

両方の手のひらを相手に向け，空中を2～3回前へ押すようにする．両方の手のひらを下に向けて，2～3回押さえるようにすることもある．片手ですることもある．

meaning 意味

①相手の怒りをなだめる．
＊相手の怒りの感情を制するとき．
「そんなに怒らないで」

②相手の気持ちや感情を和らげる．
＊興奮している相手を落ち着かせようとするとき．
「落ち着いて」「まあまあ」

usage 使われ方

使用頻度	性別	年齢	親密度	形式度	品位
○	M>MF	A	H>L	N>L	N

M:MALE F:FEMALE A:ADULT C:CHILD H:HIGH L:LOW N:NORMAL

使用頻度	自分が使うか……よく使う5％　時々使う52％　使わない43％ 見たことがあるか……よく見る22％　時々見る61％　ない17％
性別	男性がよく使う53％　男女とも使う47％　女性がよく使う0％
年齢	大人が使う95％（年配31％　若者16％　両方48％） 子供が使う0％ 大人も子供も使う5％
親密度	親しい間柄の人に用いる58％　誰にでも使える42％
形式度	形式的な堅苦しいしぐさ3％　普通57％　リラックスしたしぐさ40％
品位	上品なしぐさ1％　普通87％　下品なしぐさ12％

自分が「よく使う」と「時々使う」は6割弱．他の人がするのを「よく見る」と「時々見る」は8割強で，日常よく見る動作と言えるでしょう．男女ともに使いますが，男性のほうがより多く使う傾向が見られます．おもに大人が使います．誰に対しても使えますが，多くは親しい間柄の人に対して使います．形式度は「普通」が6割弱，「リラックスしたしぐさ」が4割です．品位は「普通」です．

comparison 比較（英米人の意見より）

「まあまあ，落ち着いて」などと言って相手をなだめるしぐさとして同様に使うとの回答です．性別に関係なく使え，おもに大人が使います．ことばを伴う場合は，以下のようなものが挙げられます．

- "stop"（やめて）
- "just a minute"（ちょっと待って）
- "calm down"（落ち着いて）
- "ok, ok"（分かった．分かった）
- "don't worry"（心配しないで）

J-37. 両手を上下に動かす

action 動作

開いて立てた両手を同時に上下に動かす.

meaning 意味

①強調.
＊自分の言いたいことを強調するとき.
＊相手にインパクトを与えたいとき.
②真剣さ.
＊真剣に物事を説明するとき.
＊相手に分かってもらいたいとき.
③熱心な説得.
＊熱心に説明するとき.
＊相手を説得するとき.
④主張.
＊興奮気味に何かを主張するとき.
＊力説しているとき.

usage 使われ方

使用頻度	性別	年齢	親密度	形式度	品位
◎	M>MF	A	L	N>H	N

M:MALE F:FEMALE A:ADULT C:CHILD H:HIGH L:LOW N:NORMAL

使用頻度　自分が使うか……よく使う17%　時々使う41%　**使わない42%**
　　　　　見たことがあるか……よく見る33%　**時々見る54%**　ない13%
性　別　　**男性がよく使う51%**　男女とも使う43%　女性がよく使う6%
年　齢　　**大人が使う94%**（年配23%　若者15%　両方56%）
　　　　　子供が使う0%

	大人も子供も使う6％
親密度	親しい間柄の人に用いる8％　誰にでも使える92％
形式度	形式的な堅苦しいしぐさ28％　普通68％　リラックスしたしぐさ4％
品位	上品なしぐさ4％　普通94％　下品なしぐさ2％

> 使用頻度は，自分が「よく使う」と「時々使う」を合わせると6割弱ですが，他の人がするのを「よく見る」と「時々見る」を合わせると9割弱とかなり高い割合を示しています．男女ともに使いますが，どちらかと言えば大人の男性が多く使う動作です．誰に対しても使うことができます．形式度は「普通」から「やや堅苦しい」という程度で，品位は「普通」です．

comparison　比較（英米人の意見より）

重要なことを強調する，主張する，真剣さを伝える，怒りを表すなどの意味で同様に使うとの意見が多数を占めました．大人が使うことが多い動作です．

plus alpha

相手と話をしているときにことばとともに使われる動作を「例示動作 (illustrator)」と言います．この動作のようにことばを強調したり，「こんなに大きな」とものの大きさを動作で示して説明を補う役目をします．この他には，お説教をするときに，「相手に人差し指を向けて振る」動作もこの一例です．

J-38. 合掌

action 動作
両手を胸の前で合わせ,軽く頭を下げ,目をつぶり拝む.

meaning 意味
①亡くなった人への追悼.冥福を祈る.
*お墓参り・法事・お葬式・仏前などで拝むとき.
②祈り.
*願い事があるとき.
*参拝するとき.
*初詣のとき.

usage 使われ方

使用頻度	性別	年齢	親密度	形式度	品位
◎	MF	AC	L	H	N>H

M:MALE F:FEMALE A:ADULT C:CHILD H:HIGH L:LOW N:NORMAL

使用頻度	自分が使うか……よく使う19%　時々使う70%　使わない11% 見たことがあるか……よく見る52%　時々見る47%　ない1%
性別	男性がよく使う0%　男女とも使う100%　女性がよく使う0%
年齢	大人が使う22%（年配1%　若者1%　両方20%） 子供が使う0% 大人も子供も使う78%
親密度	親しい間柄の人に用いる9%　誰にでも使える91%
形式度	形式的な堅苦しいしぐさ74%　普通24%　リラックスしたしぐさ2%
品位	上品なしぐさ41%　普通59%　下品なしぐさ0%

使用頻度は非常に高い動作に入ります．自分で「よく使う」が約2割，「時々使う」が7割を占めます．他の人がするのを「よく見る」も52％を示しましたが，このように「よく見る」という回答が5割を超える動作は，あまりありません．「男女とも使う」が100％を占めるしぐさも珍しいのですが，これは，儀式で用いる動作として定着しているためだと考えられます．老若男女，誰もが使います．形式度は高く，品位は「普通」ですが，「上品」との回答も4割を占めています．

comparison　比較（英米人の意見より）

祈りのポーズとしては同じであるとの意見もありましたが，以下のような違いも挙げられました．
・子供は両手を合わせることもあるが，大人は指を組む．
・墓前では，しゃがんだり立ったりはせずに，ひざまずく．
・指を組まずに，目を閉じて頭を下げるだけのこともある．

J-39. 両手を合わせる

action 動作

両手を顔の前で合わせる.
＊墓前での「合掌(No.38)」と異なるのは，目の前にいる相手に対して手を合わせる点と，目をつぶらず相手の目を見る点，胸の前でなく顔の前で手を合わせる点です．

meaning 意味

①頼み事．懇願．
　「お願い！」「頼みます！」
②謝罪．
＊謝るとき．後ろめたいことをしてしまったとき．
　「申し訳ない」「悪い」「ごめん」

usage 使われ方

使用頻度	性別	年齢	親密度	形式度	品位
◎	MF	A>AC	H	N>L	N

M:MALE F:FEMALE A:ADULT C:CHILD H:HIGH L:LOW N:NORMAL

使用頻度	自分が使うか……よく使う20％　**時々使う65％**　使わない15％
	見たことがあるか……よく見る34％　**時々見る65％**　ない1％
性　別	男性がよく使う9％　**男女とも使う88％**　女性がよく使う3％
年　齢	**大人が使う60％**（年配2％　若者13％　両方45％）
	子供が使う2％
	大人も子供も使う38％

親密度	親しい間柄の人に用いる91%　誰にでも使える9%
形式度	形式的な堅苦しいしぐさ3%　**普通60%**　リラックスしたしぐさ37%
品位	上品なしぐさ0%　**普通92%**　下品なしぐさ8%

- 自分が「よく使う」が2割,他の人がするのを「よく見る」が3割
- 強を示し,「時々見る」と合わせると99%とかなり使用頻度は高い
- しぐさに属します.男女ともに使い,大人が多く使いますが,子供
- も使います.形式度は「普通」ですが,「リラックスしたしぐさ」
- だとの回答も4割弱見られ,親しい人に対してインフォーマルな状
- 態で使う動作と言えるでしょう.品位は「普通」です.

comparison　比較(英米人の意見より)

祈りの動作としてならするが,人に何か頼むときには使わない,という意見がほとんどでした.ただ,祈りの動作としても,合わせた手が顔に近い点が不自然で,祈るときは,両ひじは身体の脇につけ,手を組んで多少前かがみになるということです.

J-40. こぶし叩き

action 動作
片手を胸の前で握り，そのこぶしを
もう片方の手のひらと打ち合わせる．

meaning 意味
① 物事がうまくいったときの喜び．
 「やった！」
② 次の行動に取り掛かるとき．
 「よし，じゃあ始めるか！」
③ 気合を入れる．
＊「よし，がんばろう！」と自分に
 言い聞かせるとき．
④ 納得．
＊なるほどと納得したとき
 「あっ，そうか」「分かった！」
⑤ 悔しさ．
＊悔しがるとき．「なんということだ」

usage 使われ方

使用頻度	性 別	年 齢	親密度	形式度	品 位
○	M	A	H	L	N

M:MALE F:FEMALE A:ADULT C:CHILD H:HIGH L:LOW N:NORMAL

使用頻度	自分が使うか……よく使う10％　時々使う34％　**使わない56％** 見たことがあるか……よく見る15％　**時々見る70％**　ない15％
性　別	**男性がよく使う89％**　男女とも使う11％　女性がよく使う0％
年　齢	大人が使う88％（年配20％　若者32％　両方36％）

	子供が使う0%
	大人も子供も使う12%
親密度	親しい間柄の人に用いる69%　誰にでも使える31%
形式度	形式的な堅苦しいしぐさ2%　普通38%　リラックスしたしぐさ60%
品位	上品なしぐさ1%　**普通74%**　下品なしぐさ25%

「自分が使うか」との問いには半数以上が使わないと答えていますが，他の人がするのを「時々見る」は7割，「よく見る」と合わせると8割強であることから，実際には日常使われていると考えられます．男の子も使いますが，おもに大人の男性が使います．親しい間柄の人に対して使うことが多い動作です．リラックスしたしぐさで，品位は「普通」です．

comparison　比較（英米人の意見より）

「よかった！」と相手への喜びや興奮を表す意味で同様に使うとの意見もありましたが，顔の表情が変われば，相手に「復讐するぞ」と威嚇するときや，緊張・いらいら・怒りなどを表す動作だという意見もありました．共通の動作だという回答では，大人も子供も使うが，おもに男性が使うインフォーマルな動作だということです．「よかった！」を意味する他の動作としては，以下のようなものが挙げられました．

・親指を立てる．
・こぶしで机を叩く．
・拍手をする．

J-41. もみ手

action 動作
両方の手のひらを合わせ，もむように こすり合わせる．

meaning 意味
①ごますり．
＊相手にごまをするとき．
＊相手をおだてるとき．
＊相手のご機嫌を伺うとき．
②躊躇（ちゅうちょ）．
＊少しやましいことや言いにくいことを話すとき．
③下手（したて）．
＊下手に出て，何か情報を得ようとするとき．
＊へりくだって相手に媚を売るとき．
④下心．
＊相手に話を持ちかけようとするとき．
＊下心があるとき．

usage 使われ方

使用頻度	性別	年齢	親密度	形式度	品位
△	M	A	L	N>H	L>N

M:MALE F:FEMALE A:ADULT C:CHILD H:HIGH L:LOW N:NORMAL

使用頻度 自分が使うか……よく使う1％ 時々使う7％ **使わない92％**
見たことがあるか……よく見る7％ **時々見る72％** ない21％

性　別	**男性がよく使う85%**　男女とも使う14%　女性がよく使う1%
年　齢	**大人が使う99%**（年配56%　若者16%　両方27%） 子供が使う0% 大人も子供も使う1%
親密度	親しい間柄の人に用いる22%　**誰にでも使える78%**
形式度	形式的な堅苦しいしぐさ29%　**普通56%**　リラックスしたしぐさ15%
品位	上品なしぐさ3%　普通45%　**下品なしぐさ52%**

> 使用頻度は興味深い結果を示しています．つまり，「自分が使うか」に対しては「使わない」が約9割を示しているのにも関わらず，他の人がするのを「よく見る」と「時々見る」を合わせると約8割を占めています．これは，「自分では使わないが時々見かける」というタイプの動作の中でも，両者の開きが大変に大きいものです．おもに大人の男性が使いますが，年配の人が多く使う傾向にあるため，アンケートの回答者の若者との間に開きがでたものと考えられます．形式度は「普通」ですが，目上の人や地位の上の人に対して使うことが多いためか，形式度は高いとの回答も約3割ありました．品位は「下品」が半数を超えており，品位の低い動作と言えるようです．

`comparison` 比較（英米人の意見より）

手の組み方などが不思議に見えるとの意見が見られました．秘密の情報や特別の情報を得ようとするときの動作としては，以下のようなものが挙げられました．
・目を大きく開けて相手をしっかり見る．
・腕組みをする．
・相手との距離を縮めて聞く．
・相手に近寄り眉を上げて聞く．
・指を組み合わせずに伸ばしたまますり合わせる．

J-42. 受話器を両手で持つ

action 動作
電話の受話器を持ち，もう片方の手をそえる．

meaning 意味
①真剣な話．
＊深刻な話，重要な話，込み入った話などの大切な電話をしているとき．
②集中．
＊話に夢中になっているとき．
＊話に集中しているとき．
③内緒話．
＊他人に聞かれたくなくて，小声で話すとき．
④上品さ．
＊女性らしい受話器の持ち方をするとき．
＊気取った持ち方をするとき．
⑤大切な相手との電話．目上の人との電話．

usage 使われ方

使用頻度	性別	年齢	親密度	形式度	品位
○	F	A	L>H	N>H	N>H

M:MALE F:FEMALE A:ADULT C:CHILD H:HIGH L:LOW N:NORMAL

使用頻度	自分が使うか……よく使う6%　時々使う29%　使わない65%
	見たことがあるか……よく見る13%　時々見る77%　ない10%
性　別	男性がよく使う0%　男女とも使う19%　**女性がよく使う81%**
年　齢	**大人が使う85%**（年配13%　若者30%　両方42%）
	子供が使う2%
	大人も子供も使う13%
親密度	親しい間柄の人に用いる33%　誰にでも使える67%

> 自分が「よく使う」と「時々使う」を合わせて35%に留まりましたが，他の人がするのを「よく見る」と「時々見る」で約9割を示しました．性別では，男性が0%であるのに対し，女性は8割を超えており，大人の女性に特徴的な動作だと言えます．一般的に，物を両手で扱う動作は，礼儀正しい，女性らしい動作の特徴です．形式度は「普通」ですが，「堅苦しいしぐさ」が約3割，「上品なしぐさ」だという回答も4割見られ，「フォーマルで上品なしぐさ」であると言えるでしょう．

comparison　比較（英米人の意見より）

受話器の持ち方として，次のような意見が見られました．

・通常は受話器は片手で持つが，長時間電話をして腕が疲れたようなときには両手で持つこともある．この場合には女性でも男性でも使い，特に両手で持つことが女性らしいわけではない．物を手渡すときにも，片手でしても失礼にはならない．

・受話器の持ち方として，男性は送話口の下を持つこともある．

・両手を使う必要があるときには，男女とも受話器を首にはさんで話すこともある．

J-43. 両手で飲み物をつぐ（お酌）

action 動作

ビール瓶や徳利などを両手で持ち，相手のグラスやおちょこに酒類をつぐ．男性は片手で，女性は両手ですることが多い．目上の人には両手を使う．

meaning 意味

①**人に飲み物をつぐ．**
＊会社の宴会や歓送迎会，部活のコンパなどでのお酌．

②**相手を立てる．**
＊相手に敬意を表すとき．

③**相手をもてなす．**
「よくいらっしゃいました」

④**相手へのいたわり．**
「お疲れさま」「ごくろうさま」

⑤**ごまをする．**
＊相手に頼み事があるとき．

⑥**挨拶代わり．近づきのしるし．**
＊相手と親しくなりたいとき．

usage 使われ方

使用頻度	性別	年齢	親密度	形式度	品位
◎	F>MF	A	L	N>H	N>H

M:MALE F:FEMALE A:ADULT C:CHILD H:HIGH L:LOW N:NORMAL

使用頻度	自分が使うか……よく使う10%　**時々使う57%**　使わない33% 見たことがあるか……**よく見る59%**　時々見る38%　ない3%
性　別	男性がよく使う1%　男女とも使う42%　**女性がよく使う57%**
年　齢	**大人が使う98%**（年配15%　若者12%　両方71%） 子供が使う0% 大人も子供も使う2%
親密度	親しい間柄の人に用いる16%　**誰にでも使える84%**
形式度	形式的な堅苦しいしぐさ30%　**普通64%**　リラックスしたしぐさ6%
品位	上品なしぐさ33%　**普通63%**　下品なしぐさ4%

> 自分が「よく使う」と「時々使う」で7割弱を占めています．他の人がするのを「よく見る」は，約6割を示し，「時々見る」を合わせると97%と非常によく使われる動作であると言えます．大人が使う動作で，誰に対しても使え，形式度は「普通」ですが，堅苦しいという回答も3割を占めています．品位は「普通」が6割強ですが，「上品」という回答も3割強見られました．これは，物を扱うときに両手を使うのは丁寧な動作の特徴であるため，その意味で品がよい動作ととらえられたのでしょう．

`comparison` 比較（英米人の意見より）

飲み物はそれぞれが自分につぐのが通常で，フォーマルな場面では相手につぐこともあるが，それは義務的なものではないという意見でした．重いものではないのに両手を使っている点にも違和感を感じるようです．

J-44. 片手を上げる

action 動作
片手を軽く伸ばし,顔の前あたりに振り上げる.

meaning 意味
①出会いの挨拶.
「やあ」
②別れ際(帰るとき)の挨拶.
「じゃあね」
③退散する.急いで帰る.
「これで失礼!」「お先に!」
「ちょっと勘弁!」
④断る.
*相手を傷つけないように断るとき.
「すみませんね」「申し訳ない」

usage 使われ方

使用頻度	性別	年齢	親密度	形式度	品位
◎	M>MF	A	H>L	L>N	N

M:MALE F:FEMALE A:ADULT C:CHILD H:HIGH L:LOW N:NORMAL

使用頻度　自分が使うか……よく使う14%　**時々使う46%**　使わない40%
　　　　　見たことがあるか……よく見る31%　**時々見る58%**　ない11%
性　別　**男性がよく使う59%**　男女とも使う40%　女性がよく使う1%
年　齢　**大人が使う86%**(年配28%　若者17%　両方41%)
　　　　子供が使う0%

	大人も子供も使う14%	
親密度	親しい間柄の人に用いる65%	誰にでも使える35%
形式度	形式的な堅苦しいしぐさ6%　普通38%	リラックスしたしぐさ56%
品位	上品なしぐさ0%　普通87%　下品なしぐさ13%	

- 自分が「使ったことがある」は6割，他の人がするのを「見たことがある」は約9割を占め，日常大変よく使われるしぐさといえます．大人の男性がよく使います．多くの場合，親しい人との間で使います．どちらかと言えば，「リラックスしたしぐさ」で，品位は「普通」です．

comparison　比較（英米人の意見より）

インフォーマルな出会いや別れの場面の挨拶として，大人も子供も同様に使います．別れの場面では，この他に同様の意味でするしぐさとして，以下のものがあります．
・片手を上げて左右に振る．
・片方の手のひらを相手に向けて，外側に1度振る．

plus alpha

片手を上げて「やあ」とか「じゃ」と挨拶するのは，親しい間柄で使うインフォーマルな動作です．また，頭を軽く下げるだけの「会釈」も，日常生活でよく使われますが，何といっても日本人の典型的な挨拶の動作は「お辞儀」でしょう．「お辞儀」の丁寧度は，頭を下げる角度，頭を下げている時間，手先や足先の緊張度などで変わります．

J-45. 片手で拝む

action 動作
片手を顔の前で立てて，相手を拝むようにする．

meaning 意味
①依頼．
*人に物を頼むとき．
「頼む」「お願い」「よろしく」
②謝罪．
*相手に申し訳ないと思うとき．
*許しを請うとき．
「悪い」「ごめん」
③感謝．
「恩に着る」「すまない」

usage 使われ方

使用頻度	性別	年齢	親密度	形式度	品位
○	MF>M	A	H	N>L	N>L

M:MALE F:FEMALE A:ADULT C:CHILD H:HIGH L:LOW N:NORMAL

使用頻度　自分が使うか……よく使う5%　時々使う43%　使わない52%
　　　　　見たことがあるか……よく見る12%　時々見る76%　ない12%
性　別　　男性がよく使う39%　男女とも使う56%　女性がよく使う5%
年　齢　　大人が使う94%（年配14%　若者35%　両方45%）
　　　　　子供が使う1%
　　　　　大人も子供も使う5%

親密度	親しい間柄の人に用いる78%	誰にでも使える22%
形式度	形式的な堅苦しいしぐさ12%	**普通**51% リラックスしたしぐさ37%
品位	上品なしぐさ1%	**普通**62% 下品なしぐさ37%

　自分が「時々使う」は約半数ですが，他の人がしているのを「時々見る」と「よく見る」を合わせて約9割になります．日常よく見かける動作と言えるでしょう．「男女ともに使う」が半数強ですが，「男性が使う」が約4割であるのに対し，女性のほうは5%とかなり少ない数字です．どちらかと言えば男性のよく使うしぐさと言えるでしょう．大人が使うしぐさで，親密度の高い相手に対して使うことが多く，形式度・品位は「普通」から「低め」を示しています．

comparison　比較（英米人の意見より）

「片手を顔の前に近づけすぎ」「片手を顔の前で立てるのが不自然」との回答が多く見られました．この動作が何を意味しているように見えるかとの問いには，その手を左右に振れば，「いやな臭いがする」「暑い」「静かに」などの意味になるとの回答がありました．

人に物を頼むときにはどうするかとの問いには，以下のような回答がありました．

・胸の前で両手を組み合わせ "Please!" と言う．
・ことばで頼む．
・顔の表情で表す．

J-46. 手刀

action 動作
片方の手のひらを立て，軽く1回，あるいは数回上下に動かす．軽く頭を下げる動作を伴うことも多い．

meaning 意味
①感謝の気持ち．
＊お茶を出されて，いただくとき．
「すまないね」
②謙虚な気持ち．恐縮している．
＊人から物をもらったとき．
③簡単なお礼．
＊ちょっとしたことへのお礼の気持ちを表すとき．
＊頼んでいた物を友人が持ってきてくれたときなど．
「悪いね」
④人の前を通るとき．
「ちょっと，失礼！」「通してください」

usage 使われ方

使用頻度	性別	年齢	親密度	形式度	品位
○	M>MF	A	H>L	N>L	N

M:MALE F:FEMALE A:ADULT C:CHILD H:HIGH L:LOW N:NORMAL

使用頻度	自分が使うか……よく使う14%　時々使う33%　使わない53%
	見たことがあるか……よく見る23%　時々見る63%　ない14%
性　別	男性がよく使う62%　男女とも使う32%　女性がよく使う6%
年　齢	大人が使う92%（年配49%　若者3%　両方40%）
	子供が使う0%
	大人も子供も使う8%
親密度	親しい間柄の人に用いる52%　誰にでも使える48%
形式度	形式的な堅苦しいしぐさ20%　普通42%　リラックスしたしぐさ38%
品位	上品なしぐさ9%　普通79%　下品なしぐさ12%

> 自分が「よく使う」と「時々使う」は5割弱ですが，他の人がするのを「よく見る」と「時々見る」は86%を占めています．大人の男性，特に年配の人ががよく使うしぐさです．形式度は「普通」から「低め」で，品位は「普通」です．

comparison 比較（英米人の意見より）

片手を立てるのは不自然で，このようなしぐさは使わないとの回答です．感謝を表すときは，以下のようにします．
・頭を少し下げて "Thank you." と言う．
・"Thank you." と言いながら，女性は相手の手をとり，男性は握手をする．

---
plus alpha

「手刀」とは，手指をまっすぐにそろえて伸ばし，小指側の側面を刀のように使うことです．相撲で「手刀を切る」というのは，勝ち力士が懸賞を受け取るときの作法で，右手を手刀にして中・右・左の順に切ります．

手 HAND

J-47. 止め手

action 動作
片手の手のひらを相手のほうへ向けて押し出すようにして止める．

meaning 意味
①中断を求める．
*いらいらしているとき．焦っているとき．
*相手の説教を途中で止めるとき．もうそれ以上言ってほしくないとき．
*相手の言うことにやむをえず納得せざるを得ないとき．
*相手の勢いを止めるとき．
「もういい」「やめてくれ」
②制止，中止の命令．
*相手のことばをさえぎるとき．
*相手の感情の激しさをさえぎるとき．
*自分にとって不都合なことを言われたとき．
*頭にきているとき．
「もうやめろ」「待った！」「ストップ」

usage 使われ方

使用頻度	性別	年齢	親密度	形式度	品位
○	M>MF	A	H	N	N

M:MALE F:FEMALE A:ADULT C:CHILD H:HIGH L:LOW N:NORMAL

使用頻度 自分が使うか……よく使う5％ 時々使う44％ **使わない51％**
見たことがあるか……よく見る13％ **時々見る71％** ない16％

性　別	男性がよく使う66％　男女とも使う34％　女性がよく使う0％
年　齢	大人が使う85％（年配11％　若者17％　両方57％）
	子供が使う0％
	大人も子供も使う15％
親密度	親しい間柄の人に用いる70％　誰にでも使える30％
形式度	形式的な堅苦しいしぐさ6％　普通72％　リラックスしたしぐさ22％
品位	上品なしぐさ0％　普通85％　下品なしぐさ15％

> 自分では使わないとの回答が半数を超えましたが，他の人がするのを「よく見る」と「時々見る」では8割を超えており，実際には使っているしぐさだと考えられます．おもに大人の男性が親しい間柄の人に対して使います．形式度・品位は「普通」です．

comparison　比較（英米人の意見より）

相手のすることや言うことを制止する意味で同様に使うとの意見が大半を占めました．インフォーマルな動作で，相手に失礼になるとの意見も見られました．「やめろ」「待って」などの意味でいっしょに用いられることばとしては，以下のようなものが挙げられました．

・"stop"（やめて）
・"hold it"（動かないで）
・"wait"（待って）
・"don't do that"（そんなことしないで）
・"stop talking"（おしゃべりをやめて）
・"don't come any closer"（近づかないで）

この他に，話を制止したり，もう聞きたくないの意味では，以下のような動作が挙げられました．

・両手や人差し指で耳をふさぐ．
・両手で耳をふさぐとともに，両目を閉じて下を向く．
・人差し指を立てて口に当て"sh..."と言う．
・敵意に満ちた視線を送る．
・片手で口を覆い，相手を怒った目で見る．
・片腕を身体の前で右から左へすばやく払いのけるようにする．

J-48. 払い手

action 動作
片手の甲を相手に向け，2〜3回外側へ払うようにする．

meaning 意味
①邪魔者を追いやる．
＊人を追いやるとき．
＊その人が来ると都合が悪いとき．
「今来ないで」「あっちへ行ってて」
②動物を追い払う．
＊犬や猫などの動物を追い払うとき．
「あっちへ行け」

usage 使われ方

使用頻度	性別	年齢	親密度	形式度	品位
○	MF>M	AC>A	H>L	L>N	L

M:MALE F:FEMALE A:ADULT C:CHILD H:HIGH L:LOW N:NORMAL

使用頻度	自分が使うか……よく使う8％　時々使う48％　使わない44％ 見たことがあるか……よく見る19％　時々見る69％　ない12％
性別	男性がよく使う23％　男女とも使う74％　女性がよく使う3％
年齢	大人が使う46％（年配10％　若者11％　両方25％） 子供が使う1％ 大人も子供も使う53％
親密度	親しい間柄の人に用いる68％　誰にでも使える32％
形式度	形式的な堅苦しいしぐさ0％　普通48％　リラックスしたしぐさ52％
品位	上品なしぐさ0％　普通30％　下品なしぐさ70％

自分が使うかどうかは半々でしたが，他の人がするのを「よく見る」と「時々見る」を合わせると9割弱を示し，日常使われるしぐさと言えます．男女とも大人も子供も使います．形式度は「インフォーマルな動作」と「普通」が約半々です，「下品なしぐさ」が7割を占めたのは特徴的で，相手には失礼な動作と言えましょう．

comparison 比較（英米人の意見より）

同様に使うとの意見が多く見られましたが，このような動作は使わずに，頭を左右に振るという意見もありました．同様に使う場合は，
・両手でもする
・左から右へ動かす
などのバリエーションも挙げられました．くだけた動作で，相手には失礼な動作です．

J-49. 首筋に手をやる

action 動作
片方の手のひらを首筋に当てる.

meaning 意味
①照れ隠し.
＊きまりが悪いとき.
②困惑.
＊困って,返事に窮するとき.
③あせり.戸惑い.
④謝罪.
＊相手に申し訳ない気持ちのとき.
⑤躊躇(ちゅうちょ).
＊言いにくいことを言うとき.

usage 使われ方

使用頻度	性別	年齢	親密度	形式度	品位
○	M>MF	A	L	N>H	N

M:MALE F:FEMALE A:ADULT C:CHILD H:HIGH L:LOW N:NORMAL

使用頻度　自分が使うか……よく使う10％　時々使う30％　使わない60％
　　　　　見たことがあるか……よく見る26％　時々見る66％　ない8％
性　別　　男性がよく使う72％　男女とも使う27％　女性がよく使う1％
年　齢　　大人が使う85％（年配21％　若者17％　両方47％）
　　　　　子供が使う1％
　　　　　大人も子供も使う14％

親密度	親しい間柄の人に用いる35%	誰にでも使える65%
形式度	形式的な堅苦しいしぐさ20%	普通67%　リラックスしたしぐさ13%
品位	上品なしぐさ1%　**普通88%**	下品なしぐさ11%

> 使用頻度は「自分が使うか」に対しては,「使わない」が6割も占めましたが,他の人がするのを「よく見る」と「時々見る」を合わせると9割を超えています.従って,実際には日常使われている動作であると言えるでしょう.男性に特徴的な動作であるため,女性の回答者は,「自分は使わないが見たことはある」という回答をしています.おもに大人が使います.あまり親しくない人も含め,誰に対しても使え,形式度は「普通」です.「堅苦しい動作」と答えた人が2割を占めましたが,これは,この動作を使うときの状況がかしこまった場合もあるからだと思われます.品位は「普通」です.

`comparison` 比較（英米人の意見より）

困惑・当惑・躊躇などの意味で同様に使うとの意見です.どちらかと言うと大人の男性が使う傾向にあるようです.これらの意味を表す他の動作としては,以下のようなものが挙げられました.

・うつむいて手をポケットに入れ足を引きずるように歩く.
・腕組みをしたり元にもどしたりする.
・上を見て"Um!"（うーん）などと言う.

J-50. 頭に手をやる

action 動作
片手の手のひらを後頭部に当てる．

meaning 意味
①**照れながらの依頼．恥ずかしさ．**
＊照れくさいとき．
＊折り入って頼むことがあるとき．
②**相手に対する申し訳なさ．**
＊相手に無理なことを頼むとき．
＊一歩下がって物を頼むとき．
「すまないけど…」
③**遠慮がちな申し出．誘い．**
＊言いにくいことを言うとき．
＊遠慮しながら言うとき．
④**困惑．焦り．**
＊ばつが悪いとき．
⑤**謝罪．後ろめたさ．**
＊笑ってすますことができる程度の失敗をしたとき．
＊許してもらいたいとき．

usage 使われ方

使用頻度	性別	年齢	親密度	形式度	品位
○	M	A	H	N>L	N

M:MALE F:FEMALE A:ADULT C:CHILD H:HIGH L:LOW N:NORMAL

使用頻度	自分が使うか……よく使う2%　時々使う31%　使わない67%
	見たことがあるか……よく見る17%　時々見る68%　ない15%
性　別	**男性がよく使う81%**　男女とも使う17%　女性がよく使う2%
年　齢	**大人が使う92%**（年配18%　若者21%　両方53%）
	子供が使う0%
	大人も子供も使う8%
親密度	**親しい間柄の人に用いる65%**　誰にでも使える35%
形式度	形式的な堅苦しいしぐさ3%　**普通49%**　リラックスしたしぐさ48%
品位	上品なしぐさ0%　**普通88%**　下品なしぐさ12%

> 自分では「使わない」が7割弱も占めましたが，他の人がするのを「よく見る」と「時々見る」を合わせると85%になり，実際にはよく使われている動作と言えるでしょう．大人の男性がおもに使う動作で，親しい人に対して使うインフォーマルな動作です．品位は「普通」です．

comparison　比較（英米人の意見より）

不自然に感じるのは，ひじが高く上がっているところや手を頭のうしろにやるところという意見が多く見られました．この動作はどんな意味だと思うかとの問いには，以下のようなものが挙げられました．
・知らない．
・当惑．
・何かを思い出している．
・インフォーマルな会話の姿勢．
また，照れや躊躇（ちゅうちょ）を表す動作としては，以下のものが挙げられました．
・両手の手のひらを身体の前で外側に開くようにする．
・肩をすくめる．
・両手をポケットに入れる．

J-51. 頭を掻く

action 動作

照れ笑いをしながら，片手を後頭部に当てて2〜3回掻くようにする．

meaning 意味

照れている．照れ隠し．
* 人にほめられたとき．
* 照れくさくてことばが出ないとき．
「いやぁ，それほどでも」

usage 使われ方

使用頻度	性別	年齢	親密度	形式度	品位
○	M>MF	A>AC	H	N>L	N

M:MALE F:FEMALE A:ADULT C:CHILD H:HIGH L:LOW N:NORMAL

使用頻度	自分が使うか……よく使う10%　**時々使う56%**　使わない34%
	見たことがあるか……よく見る29%　**時々見る61%**　ない10%
性　別	**男性がよく使う58%**　男女とも使う36%　女性がよく使う6%
年　齢	**大人が使う79%**（年配4%　若者31%　両方44%）
	子供が使う0%
	大人も子供も使う21%
親密度	**親しい間柄の人に用いる60%**　誰にでも使える40%
形式度	形式的な堅苦しいしぐさ2%　**普通56%**　リラックスしたしぐさ42%
品位	上品なしぐさ1%　**普通93%**　下品なしぐさ6%

- 自分が「よく使う」と「時々使う」で7割弱，他の人がするのを「よく見る」が3割弱を示し，「時々見る」と合わせると9割と使用頻度は高い動作です．大人の男性，特に若い人がよく使います．親しい間柄に対して使うリラックスした動作です．品位は「普通」．

comparison 比較（英米人の意見より）

手の位置が不自然で，手を頭の後ろにやるのはおかしいという意見が多くありました．どんな意味を表していると思うかという問いには，
・考え事をしている
・頭が痛い
・頭を掻いている
という回答でした．
当惑や照れ隠しのしぐさとしては，
・うつむいてポケットに手を入れる
・手で顔を覆う
などが挙げられました．

J-52. 頭を抱え込む

action 動作
両手の手のひらを額に当て，頭を抱え込むようにして，下を向く．

meaning 意味
①悲しみ．
*つらいことや悲しいことがあったとき．
*大きなショックを受けたとき．
②絶望．
*先の見通しがつかなくなったとき．
*疲れきっているとき．
*挫折したとき．
③不安．
*迷いがあるとき．
④苦悩．
*悩み事があるとき．困り果てたとき．
⑤悔しさ．
*試合に負けたとき．
*ライバルに負けたとき．
*がっかりしたとき．

usage 使われ方

使用頻度	性別	年齢	親密度	形式度	品位
○	MF	A	L	N	N

M:MALE F:FEMALE A:ADULT C:CHILD H:HIGH L:LOW N:NORMAL

使用頻度	自分が使うか……よく使う4%　**時々使う61%**　使わない35%
	見たことがあるか……よく見る6%　**時々見る81%**　ない13%
性　別	男性がよく使う0%　**男女とも使う80%**　女性がよく使う20%
年　齢	**大人が使う84%**（年配1%　若者25%　両方58%）
	子供が使う0%
	大人も子供も使う16%
親密度	親しい間柄の人に用いる23%　**誰にでも使える77%**
形式度	形式的な堅苦しいしぐさ3%　**普通87%**　リラックスしたしぐさ10%
品位	上品なしぐさ1%　**普通96%**　下品なしぐさ3%

> 自分が「時々使う」が6割程度．他の人がするのを「よく見る」と「時々見る」を合わせると9割弱を示し，日常よく使われる動作であると言えるでしょう．男女ともに使い，おもに大人が使う動作です．「若者が使う」は25%を示していますが，意味の③不安，④苦悩，⑤悔しさなどでは，若者のほうが使うことが多いと考えられます．形式度・品位は「普通」です．

comparison　比較（英米人の意見より）

絶望・嘆き・深い悲しみ・心を取り乱した状態を表すという点で共通であるとの意見が多くありました．同様の意味での他の動作の例としては，以下のようなものが挙げられました．

・片手で頭を抱える．
・片手で顔の半分を隠す．
・両手を頭の後ろで組んで両ひじのあたりで顔を覆い隠すようにする．
・立てた両ひざの上に腕を組み，顔をうずめる．

J-53. 首振り（+悲しい顔）

action 動作

首を数回横に振る．意味③では，悲しそうな表情で涙を浮かべることもある．

meaning 意味

① 否定．いいえ．拒否．できない．知らない．分からない．
* 断るとき．
* 違うと言いたいとき．
* 否定を口に出して言いたくないとき．
② 信じたくない．信じられない．
* 相手の言うことを信用しないとき．
③ 悲しみ．絶望的．
* どうしようもない悲しみのとき．
* 悲しくて取り乱しているとき．
④ あきらめ．落胆．
* 落ち込んでいるとき．
* 途方にくれているとき．

usage 使われ方

使用頻度	性別	年齢	親密度	形式度	品位
△	MF>F	A>AC	L>H	N	N

M:MALE F:FEMALE A:ADULT C:CHILD H:HIGH L:LOW N:NORMAL

使用頻度　自分が使うか……よく使う12%　時々使う37%　使わない51%
　　　　　　見たことがあるか……よく見る24%　**時々見る51%**　ない25%

性　別	男性がよく使う1％　**男女とも使う56％**　女性がよく使う43％
年　齢	**大人が使う59％**（年配19％　若者1％　両方39％）
	子供が使う0％
	大人も子供も使う41％
親密度	親しい間柄の人に用いる38％　**誰にでも使える62％**
形式度	形式的な堅苦しいしぐさ3％　**普通90％**　リラックスしたしぐさ7％
品位	上品なしぐさ1％　**普通98％**　下品なしぐさ1％

- 自分が「よく使う」と「時々使う」で5割弱ですが，他の人がするのを「よく見る」と「時々見る」では75％を示しています．アンケートでは，単に首を横に振るだけでなく，涙を浮かべている表情が加わっていたためか，「自分で使う」数字が多少ないような感もあります．男女ともに使いますが，女性のほうが多く使います．大人も子供も使います．形式度，品位は「普通」です．

comparison 比較（英米人の意見より）

同様に，否定の意味で使うとの回答です．大人も子供も使い，使用頻度の高いしぐさです．

plus alpha

否定の動作は，相手とコミュニケーションをとるときに必要な基本的なしぐさですが，それぞれの文化圏や地域で異なるために誤解が生じることもあります．日本人がよくする「両腕を交差させる」動作はアメリカ人には通じませんし，片手を縦にして左右に振る動作も"No."の意味には受け取ってもらえません．日米共通の否定の動作は，頭を左右に振る「首振り」です．この「首振り」はヨーロッパでも使われますが，頭を強く後方にそらす動作で否定を表す地域もあります．北イタリアでは首振りで否定を表すのに，南イタリアでは頭をそらして否定を表し，同じイタリア国内で「ジェスチャーの境界線」が存在するという興味深い報告もあります．

J-54. お辞儀（丁寧）

action 動作
両手を体の前でそろえ，身体を前方に曲げ深く頭を下げる．

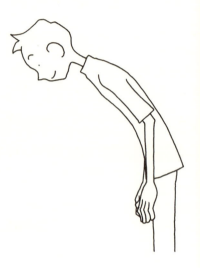

meaning 意味
①挨拶．
＊日常，人に挨拶するとき．
②相手への敬意．
＊相手にお礼を言うとき．
③丁寧な依頼．
＊目上の人，地位が上の人に頼み事をするとき．
「どうかよろしくお願いいたします」
④恐縮．かしこまる．
⑤目上の人に対する謙遜．
＊下手（したて）に出るとき．
＊腰を低くするとき．
⑥謝罪．
＊謝るとき．
「申し訳ありません」

usage 使われ方

使用頻度	性別	年齢	親密度	形式度	品位
◎	MF>M	A>AC	L	H	N>H

M:MALE F:FEMALE A:ADULT C:CHILD H:HIGH L:LOW N:NORMAL

使用頻度	自分が使うか……よく使う20%　時々使う47%　使わない33%
	見たことがあるか……よく見る43%　時々見る54%　ない3%
性　別	男性がよく使う24%　男女とも使う76%　女性がよく使う0%
年　齢	大人が使う80%（年配34%　若者7%　両方39%）
	子供が使う0%
	大人も子供も使う20%
親密度	親しい間柄の人に用いる5%　誰にでも使える95%
形式度	形式的な堅苦しいしぐさ78%　普通22%　リラックスしたしぐさ0%
品位	上品なしぐさ30%　普通63%　下品なしぐさ7%

> お辞儀は日本人の典型的な挨拶の身振りです．この丁寧なお辞儀は，自分では「よく使う」と「時々使う」で7割弱，他の人がするのを「よく見る」が4割強，「時々見る」と合わせて97％と，使用頻度の高さがうかがわれます．男女とも使い，大人がかしこまった場面で使うことが多いようです．誰に使っても失礼にならない礼儀にかなった動作で，ホテルやレストランなどのサービス業に従事すると特によく使う動作といえるでしょう．品位は「普通」から上です．

comparison　比較（英米人の意見より）

身体全体を前かがみにするお辞儀の姿勢と，両足をそろえて立っているのが不自然だとの意見が多く見られました．しかし，イギリス人男性の1人からは，王室に対するときのような極めてフォーマルな状況では，男性はお辞儀(bow)をし，女性はひざを曲げて挨拶する(curtsy)という意見がありました．目上の人に何かを依頼するときの動作としては，以下のようなものが挙げられました．

・会ったときと別れるときに握手をする．
・相手の目を見る．
・両者とも座っているか，立っている状態で依頼する．
・声の調子で相手への尊敬や期待を表す．

また，インフォーマルな場合には，相手の肩などに触れることで依頼の気持ちを伝えることもありますが，フォーマルな場面では，相手には触れないという意見もありました．

J-55. 押し頂く

action 動作

相手から受け取った物を,両手で差し上げ,うやうやしく頭を下げる.足はそろえて立つ.

meaning 意味

①深い感謝.
* 身分の高い人や目上の人から何かを受け取るとき.
* いただいた物に対するお礼の気持ちを表すとき.
「ありがたく頂戴します」
②相手を敬う気持ち.敬意の表れ.
* 賞状をもらったとき.

usage 使われ方

使用頻度	性別	年齢	親密度	形式度	品位
△	MF>M	A	L	H	N>H

M:MALE F:FEMALE A:ADULT C:CHILD H:HIGH L:LOW N:NORMAL

使用頻度　自分が使うか……よく使う2%　時々使う19%　**使わない79%**
　　　　　見たことがあるか……よく見る3%　時々見る38%　**ない59%**
性　別　　男性がよく使う43%　**男女とも使う57%**　女性がよく使う0%
年　齢　　**大人が使う89%**（年配57%　若者7%　両方25%）
　　　　　子供が使う0%

	大人も子供も使う11%
親密度	親しい間柄の人に用いる20%　**誰にでも使える80%**
形式度	**形式的な堅苦しいしぐさ73%**　普通26%　リラックスしたしぐさ1%
品位	上品なしぐさ25%　**普通70%**　下品なしぐさ5%

> このようなしぐさを使うような状況が，日常生活ではあまりないため，使用頻度が低く出たと考えられます．しかし，賞状や卒業証書を受けるときなどの状況を考えれば，まったく使わないしぐさではありません．形式度は高く，「堅苦しいしぐさ」が7割を占めました．フォーマルな状況での礼儀正しい動作です．

comparison　比較（英米人の意見より）

もらった物を頭の上に差し上げることが，非常に不自然に感じられるようです．どんな意味を表していると思うかという問いには，以下のような回答がありました．
・神への感謝．
・祈り．
・試合での勝利をアピールするためにトロフィーを頭上に掲げるしぐさに似ている．

感謝を表すには，以下のようにするようです．
・"Thank you." などの，ことばで表現する．
・握手をして "Thank you." と言う．
・相手を抱擁したり腕を握ったりする．
・もらった物を胸の前に抱えお礼の気持ちを表す．

J-56. 頭をなでる

action 動作
片手で相手の頭を2〜3回なでる．

meaning 意味
①子供への愛情表現．
＊かわいい気持ちを伝えるとき．
②賞賛．
＊子供をほめるとき．
「よしよし」「いい子だね」
「えらかったね」
③親密感を示す．
＊友達同士で冗談半分に使う．

usage 使われ方

使用頻度	性別	年齢	親密度	形式度	品位
◎	MF	A	H	L>N	N

M:MALE F:FEMALE A:ADULT C:CHILD H:HIGH L:LOW N:NORMAL

使用頻度 自分が使うか……よく使う6%　時々使う55%　使わない39%
見たことがあるか……よく見る30%　時々見る64%　ない6%
性　別 男性がよく使う16%　男女とも使う80%　女性がよく使う4%
年　齢 大人が使う91%（年配43%　若者11%　両方37%）
子供が使う0%
大人も子供も使う9%
親密度 親しい間柄の人に用いる88%　誰にでも使える12%

形式度　　形式的な堅苦しいしぐさ1%　普通35%　リラックスしたしぐさ64%
品位　　　上品なしぐさ0%　普通98%　下品なしぐさ2%

「自分で使ったことがある」は6割，他の人がするのを「よく見る」と「時々見る」では94%を示し，日常よく使われるしぐさと言えるでしょう．男女ともに使います．大人が子供に対して使うのが通常です．親しい相手に対して使う「リラックスしたしぐさ」で，品位は「普通」です．

comparison　比較（英米人の意見より）

大人の子供に対する愛情表現として同様に使うという意見が多くありました．抱きしめたり，キスするのも子供に対する愛情表現として使います．母親や女性は頭をなでて子供をほめますが，父親や男性は，頭や背中を軽くポンポンと叩くほうが多いという意見もありました．

✌ plus alpha ✎

「いい子だね」と言いながら子供の頭をなでるのは，日本人にとっては日常的に使われる子供に対する愛情表現ですが，タイでは，頭が身体の中で最も神聖な場所と考えられているために，そこに触れることは神への侮辱と考えられ，この動作はタブーとされています．

J-57. 腰に手を当てる

action 動作
両手を軽く握り腰に当てる．

meaning 意味
①立腹．不満．
＊怒っているとき．
＊いらいらしているとき．
②威圧的態度．
＊相手より強い立場でものを言うとき．
＊強気で威張っているとき．
③挑戦的態度．
＊当てつけや皮肉を言うとき．
④開き直り．
＊正当性を主張するとき．

usage 使われ方

使用頻度	性別	年齢	親密度	形式度	品位
○	MF>F	A>AC	H	L>N	N

M:MALE F:FEMALE A:ADULT C:CHILD H:HIGH L:LOW N:NORMAL

使用頻度	自分が使うか……よく使う4%　時々使う44%　使わない52% 見たことがあるか……よく見る7%　時々見る78%　ない15%
性　別	男性がよく使う4%　**男女とも使う57%**　女性がよく使う39%
年　齢	**大人が使う69%**（年配8%　若者25%　両方36%） 子供が使う0% 大人も子供も使う31%

親密度　　親しい間柄の人に用いる88％　誰にでも使える12％
形式度　　形式的な堅苦しいしぐさ5％　普通41％　リラックスしたしぐさ54％
品位　　　上品なしぐさ0％　**普通72％**　下品なしぐさ28％

> 「自分では使わない」が約半数いますが，他の人がするのを「よく見る」と「時々見る」を合わせると85％を示し，実際にはよく見かける動作だと言えるでしょう．大人が多く使いますが，子供も使います．親しい人に対して用い，形式度は低めでリラックスした動作という回答が5割を超えています．品位は「普通」ですが，「下品」だとの回答も3割弱見られました．

`comparison` 比較（英米人の意見より）

怒りやいら立ちを表し，共通点が多いとの意見が多く見られました．女性がよく知っている人に対して使うことが多いようです．同じ意味を表す他の動作としては，以下のものが挙げられました．

・腰に当てた手は，親指を背中側に他の指は腹側に置く．
・腕組みをする．
・相手に向かってこぶしを振り上げる．

J-58. 椅子に腰かける（両ひざに手）

action 動作

椅子に腰かけ，姿勢を正し，左右の手をそれぞれひざにのせる．

meaning 意味

①緊張感．かしこまっている．多少の不安感．
＊面接を受けるとき．
＊改まった席にいるとき．
②礼儀正しさの表現．相手への敬意．遠慮．
＊目上の人に相対したとき．
③一生懸命さ．
＊大事な話をするとき．

usage 使われ方

使用頻度	性別	年齢	親密度	形式度	品位
○	MF>M	A	L	H	N>H

M:MALE F:FEMALE A:ADULT C:CHILD H:HIGH L:LOW N:NORMAL

使用頻度	自分が使うか……よく使う20%　時々使う53%　使わない27% 見たことがあるか……よく見る27%　時々見る66%　ない7%
性　別	男性がよく使う32%　**男女とも使う65%**　女性がよく使う3%
年　齢	**大人が使う71%**（年配5%　若者18%　両方48%） 子供が使う0% 大人も子供も使う29%
親密度	親しい間柄の人に用いる15%　**誰にでも使える85%**

形式度　　形式的な堅苦しいしぐさ68％　普通20％　リラックスしたしぐさ12％
品位　　　上品なしぐさ45％　**普通48％**　下品なしぐさ7％

> 自分が「よく使う」と「時々使う」で7割強，他の人がするのを「よく見る」と「時々見る」で9割強を示し，日常よく使われるしぐさに入るでしょう．男女ともに使いますが，手の置き方について言えば男性のほうがよく使うしぐさです．誰に対しても使い，堅苦しいしぐさです．品位は「普通」ですが，「上品」という回答も45％とかなり高くなっています．フォーマルな場面で使う動作のためでしょう．

comparison　比較（英米人の意見より）

腰かけたときにこのような姿勢はとらないとの意見が大半を占め，緊張した身体と両方のひざ頭に置かれた手が不自然だという意見がありました．それ以外にどう見えるかという問いに対しては，以下のようなものが挙げられました．
・地位の上の者の前で神経質になっている．
・不安や恐れを表している．
・叱られているように見える．
・辛抱強く待っているようだ．

同様の状況での腰かけ方については，以下のような意見がありました．
・もっとリラックスした姿勢をとり，両手をひざの上で組む．腕を組むこともある．
・目上の人への敬意を表すには，背筋を伸ばして座り，ひざの上で両手を組む．両手を組むことは，より礼儀正しい．（イギリス人女性）
・これが敬意を示す座り方だというものは特にない．（アメリカ人女性）

J-59. 椅子に腰かける（手先，足先をそろえる）

action 動作

姿勢を正して椅子に腰かけ，両足の
ひざ頭をそろえ，足先もそろえる．
両手は手先をそろえて組み合わせ，
ひざに置く．

meaning 意味

①緊張．かしこまった態度．
* あらたまった場所で話をするとき
  や，話を聞くとき．
* 目上の人と同席するとき．

②真剣さ．真剣な態度．
* 真剣な話をするとき．
* 深刻な話をするときや聞くとき．

③礼儀正しい．謙虚．上品．
* きちんとした印象を相手に伝えた
  いとき．
* 面接のときなど．

usage 使われ方

使用頻度	性別	年齢	親密度	形式度	品位
◎	F>MF	A	L	H>N	H>N

M:MALE F:FEMALE A:ADULT C:CHILD H:HIGH L:LOW N:NORMAL

使用頻度	自分が使うか……よく使う7％　時々使う38％　使わない55％
	見たことがあるか……よく見る31％　時々見る48％　ない21％
性　別	男性がよく使う2％　男女とも使う26％　女性がよく使う72％

年　齢	大人が使う93％（年配17％　若者20％　両方56％） 子供が使う0％ 大人も子供も使う7％
親密度	親しい間柄の人に用いる17％　誰にでも使える83％
形式度	形式的な堅苦しいしぐさ61％　普通33％　リラックスしたしぐさ6％
品位	上品なしぐさ57％　普通37％　下品なしぐさ6％

- 自分では「使わない」が半数を超えているにも関わらず，他の人がするのを「よく見る」は約3割，「時々見る」を加えると約8割を示しており，実際にはよく見かけるしぐさだと言えるでしょう．
- 大人の女性がよく使い，初対面の人や目上の人に対しても使われます．「形式的で堅苦しい」動作で，大変「上品」な印象を与えます．

comparison 比較（英米人の意見より）

ひざに置いた手のそろえ方，足のそろえ方，背筋を伸ばして座っていることが不自然だと言う意見が多く見られました．しかし，一方では，極めてフォーマルな状況では，足をそろえて座るという意見もありました．インフォーマルになるにつれ，足首を組んだり足を組んだりします．仕事上で人に会うときでも，ひざを重ねて足を組み，少し横を向き，手はひざの上で組むことが多いようです．

J-60. 正座

action 動作
両ひざにこぶしを置いて正座する.

meaning 意味
①真剣さ. 必死の思い.
＊決心や頼み事を伝えて相手の理解を得たいとき.
＊大事な話し合いをするとき.
＊言いにくいことを言うとき.
②かしこまる. 緊張感.
＊正式に頼むとき.
＊改まった話し合いの場にいるとき.
③深刻さ. 神妙な気持ち. 恐縮.
＊目上の人に話をするとき.

usage 使われ方

使用頻度	性別	年齢	親密度	形式度	品位
○	M>MF	A	L	H	N>H

M:MALE F:FEMALE A:ADULT C:CHILD H:HIGH L:LOW N:NORMAL

使用頻度　自分が使うか……よく使う3%　時々使う51%　使わない46%
　　　　　見たことがあるか……よく見る14%　時々見る66%　ない20%
性　別　　男性がよく使う58%　男女とも使う40%　女性がよく使う2%
年　齢　　大人が使う70%（年配6%　若者17%　両方47%）
　　　　　子供が使う6%
　　　　　大人も子供も使う24%
親密度　　親しい間柄の人に用いる26%　誰にでも使える74%
形式度　　形式的な堅苦しいしぐさ77%　普通20%　リラックスしたしぐさ3%
品　位　　上品なしぐさ35%　普通64%　下品なしぐさ1%

和室で座る機会が減ったためか，正座をしないという回答が半数弱ですが，他の人がするのを「見たことがある」との回答は8割です．男女とも使いますが，「男性がよく使う」が約6割を占めました．これはこぶしをひざに置いているためと思われます．大人がよく使い，誰に対しても使います．形式的な堅苦しいしぐさであり，品位は「普通」ですが，上品なしぐさであるとの回答も多く見られました．

comparison 比較（英米人の意見より）

床に座る習慣がないため，正座と両ひざに置かれたこぶしが不自然との回答が多数を占めました．地位が上の人に頼み事をするときの姿勢としては，以下のようなものが挙げられました．

・腕を机にのせて相手のほうに少し乗り出し，しっかり相手の視線を捉えて説得する．（アメリカ人女性）
・頭は少し下げるが，説得するときには相手の目を見て，強調するために両手を動かす．（イギリス人女性）
・地位が上の人が座っているのなら，地位が下の人は立って頭を下げる．（イギリス人男性）

✎ plus alpha ✎

正座は和室の場合，畳の上で座る正式な座り方です．最近は都心部の住居が洋風になり，和室が減ったため，若い人は正座をする機会が減ってきていますが，日本の伝統的な文化の一つである茶道（茶の湯によって精神を修養し，交際礼法を究める道）では，正座が基本であり，法事などの場でも和室であれば正座をします．

LEG

J-61. しゃがみこむ

action 動作
顔を両手で覆ってしゃがみこむ．泣くこともある．

meaning 意味
①悲しみ．
＊悲しみをこらえているとき．
＊こらえきれなくて泣くとき．
②つらい気持ち．
＊つらくてどうしようもないとき．
＊耐えきれないとき．
③絶望．
＊落ち込んでいるとき．
＊ショックを受けたとき．
④人目を避けて泣く．
⑤気分が悪い．激しい頭痛．
＊体調が悪いとき．

usage 使われ方

使用頻度	性別	年齢	親密度	形式度	品位
△	F	A	—	—	N

M:MALE F:FEMALE A:ADULT C:CHILD H:HIGH L:LOW N:NORMAL

使用頻度	自分が使うか……よく使う1％　時々使う20％　**使わない79％**
	見たことがあるか……よく見る4％　時々見る28％　**ない68％**
性　別	男性がよく使う3％　男女とも使う28％　**女性がよく使う69％**
年　齢	大人が使う79％（年配2％　若者42％　両方35％）

　　　　　子供が使う2％
　　　　　大人も子供も使う19％
親密度　　親しい間柄の人に用いる―％　　誰にでも使える―％
形式度　　形式的な堅苦しいしぐさ―％　　普通―％　　リラックスしたしぐさ―％
品位　　　上品なしぐさ2％　**普通87％**　下品なしぐさ11％

> 「自分では使わない」が8割弱，「見たことがない」も7割弱と使用頻度は大変低くなっています．これはこの動作をするような極度の悲しみの状況が日常的にはあまり存在しないことが理由でしょう．また，「見たことがない」が多いのは，他人の目を避けての動作だからでしょう．親密度・形式度は「該当せず」です．女の子や大人の女性に多いしぐさで，品位は「普通」です．

comparison　比較（英米人の意見より）

泣いている・悲しみや憂鬱 (ゆううつ) を表すという点では共通でしたが，しゃがんでいる姿勢が不自然だという意見が多くありました．泣くときには，
・よりプライベートな場所で，立ったまま壁によりかかる
・机に腕を乗せ，顔を埋める
などの意見もありました．
また，しゃがんでいるのは「具合が悪いからではないか」との意見もありました．

脚
LEG

J-62. 直立姿勢

action 動作

姿勢を正してまっすぐに立ち,両手を前で組む.足先もそろえる.

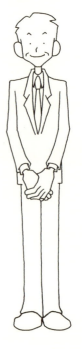

meaning 意味

①改まった態度.緊張感.
*人前に立つとき.
*挨拶やスピーチをするとき.
②かしこまる.謙虚さ.
*目上の人の話を聞くとき.
*人に紹介されるとき.
③厳粛さ.
*式に参列するとき.
*公式な場にいるとき.
⑤礼儀正しい姿勢.真面目さ.
*集合写真を撮るとき.

usage 使われ方

使用頻度	性別	年齢	親密度	形式度	品位
◎	MF	A	L	H	N>H

M:MALE F:FEMALE A:ADULT C:CHILD H:HIGH L:LOW N:NORMAL

使用頻度　自分が使うか……よく使う13%　時々使う62%　使わない25%
　　　　　見たことがあるか……よく見る49%　時々見る51%　ない0%
性　別　　男性がよく使う11%　**男女とも使う85%**　女性がよく使う4%
年　齢　　**大人が使う82%**（年配21%　若者7%　両方54%）
　　　　　子供が使う0%

親密度	大人も子供も使う18％ 親しい間柄の人に用いる4％　誰にでも使える96％
形式度	形式的な堅苦しいしぐさ82％　普通14％　リラックスしたしぐさ4％
品位	上品なしぐさ31％　普通64％　下品なしぐさ5％

> 自分が「よく使う」と「時々使う」で，75％です．他の人がするのを「よく見る」は約5割と，非常に高い数字を示し，「時々見る」と合わせると100％となり，大変よく使われる動作と言えます．男女とも使い，子供も使いますが，大人のほうがこのような姿勢をする機会が多いと考えられます．形式的な堅苦しいしぐさで，上品なしぐさという回答も3割強見られました．

`comparison` 比較（英米人の意見より）

男性は手を後ろで組むのが普通なので，身体の前で重ねられた手が不自然だという意見が多く見られました．その他には，
・両足の間隔を少し開けるなど，リラックスした姿勢をとる
・腕は両脇に軽く下げる
・話をする場合には，手を動かす
などが挙げられました．
女性の場合には前で両手を重ねたり，指を組み合わせたりするということです．

✌ plus alpha ✎

堅苦しい動作として，手先，足先をそろえ，姿勢を正して立つ「直立姿勢」や「直立不動」がまず挙げられます．その他には，「丁寧なお辞儀」「正座」「合掌」「賞状などを押し頂く」「手先，足先をそろえて腰かける」などがあります．これらはフォーマルな動作で，日本人に特徴的な動作でもあります．

LEG

J-63. 直立不動

action 動作
両腕を身体の両脇にぴったりとつけ,姿勢を正して立つ.

meaning 意味
①敬意.尊敬.
＊目上の人,地位の上の人に相対したとき.
②緊張感.かしこまった態度.
＊改まったとき.
＊気分を引き締めるとき.
＊面接室に入るとき.
③礼儀正しさ.
＊きちんとした印象を与えたいとき.
④「気をつけ」の姿勢.
＊「気をつけ」の号令のとき.
＊整列のとき.
＊朝礼のとき.

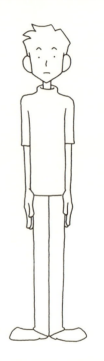

usage 使われ方

使用頻度	性別	年齢	親密度	形式度	品位
○	MF>M	A>AC	L	H	N>H

M:MALE F:FEMALE A:ADULT C:CHILD H:HIGH L:LOW N:NORMAL

使用頻度　自分が使うか……よく使う2%　時々使う62%　使わない36%
　　　　　見たことがあるか……よく見る23%　時々見る71%　ない6%
性　別　　男性がよく使う35%　**男女とも使う64%**　女性がよく使う1%

年　齢	大人が使う70％（年配5％　若者22％　両方43％） 子供が使う1％ 大人も子供も使う29％
親密度	親しい間柄の人に用いる11％　誰にでも使える89％
形式度	形式的な堅苦しいしぐさ91％　普通9％　リラックスしたしぐさ0％
品位	上品なしぐさ34％　**普通65％**　下品なしぐさ1％

> 自分が「よく使う」と「時々使う」という回答は6割強ですが，他の人がするのを「よく見る」と「時々見る」で94％を示しており，日常生活でよく使われる姿勢だと言えるでしょう．男女ともに使いますが，仕事上などで男性のほうがよく使う場合があるようです．また，子供も学校の朝礼などでとる姿勢です．初対面の人も含め誰にでも使えます．形式的な堅苦しい姿勢で，品位は「上品」から「普通」の範囲です．

comparison　比較（英米人の意見より）

背筋を伸ばした姿勢や緊張した身体，両手を身体の両脇にぴたりとつけている，緊張した表情をしているなどから，軍隊で命令を聞いているときの姿勢のようだという意見が多くありました．アメリカ人女性の1人から，高い地位にある人に敬意を表すときの動作として，以下のようなものが挙げられました．

・まっすぐではあるがリラックスした姿勢をとり，笑顔で握手を求めて手を差し出す．
・初めに座っていた場合には，立ち上がること自体が敬意を表すことになり，地位が上の人が椅子を勧めるまでは立っている．

J-64. 口に手をやる（＋笑顔）

action 動作

笑うときに片手を口に持っていき，口を隠すようにする．両手で口を隠すこともある．

meaning 意味

①笑いをこらえる．
＊笑いが止まらないとき．
＊楽しくて大笑いするとき．

②口の中を隠す．
＊口の中を見せるのは相手に対して失礼・恥ずかしい・はしたないという意識の表れ．

③笑いを上品に見せる．
＊控えめに笑うとき．
＊気取って笑うとき．
＊少しなりとも好意を抱いている相手や気を使う相手の前で笑うとき．

usage 使われ方

使用頻度	性別	年齢	親密度	形式度	品位
◎	F	A	L	N	H>N

M:MALE F:FEMALE A:ADULT C:CHILD H:HIGH L:LOW N:NORMAL

使用頻度　自分が使うか……よく使う25%　時々使う28%　**使わない47%**
　　　　　見たことがあるか……**よく見る64%**　時々見る35%　ない1%
性　別　　男性がよく使う0%　男女とも使う6%　**女性がよく使う94%**

年　齢	大人が使う82％（年配16％　若者11％　両方55％） 子供が使う1％ 大人も子供も使う17％
親密度	親しい間柄の人に用いる12％　誰にでも使える88％
形式度	形式的な堅苦しいしぐさ26％　普通54％　リラックスしたしぐさ20％
品位	上品なしぐさ53％　普通37％　下品なしぐさ10％

使用頻度については「自分がよく使う」と「時々使う」で約5割でしたが，女性に特有の動作であることを考えれば，自らの使用経験の割合は非常に高いと言えるでしょう．また，他の人がするのを「見たことがある」は64％，「時々見る」と合わせると99％を占めていて，日常の使用頻度は最も高い身ぶりに属すると言えます．大人の女性の典型的な動作です．誰に対しても使います．親しい人に対しては「リラックスしたしぐさ」となり，①のように大笑いをこらえるような状況が考えられます．一方で，目上の人に対しては，③に象徴されるように「上品」なしぐさとなり，堅苦しい場面で使われることが考えられます．このように，「形式度」と「品位」が意味と状況に応じて両面を持つ点で，興味深いしぐさです．

comparison　比較（英米人の意見より）

男女とも笑うときには手で口を覆わないので，この動作は使わないとの回答でした．しかし，人の前であくびをしたり，口の中に食べ物が入っているのに話したり笑ったりするのは礼儀に反するので，そのような状況では口を手で覆うという意見も見られました．

MOUTH

J-65. 口に手をやる（＋驚いた顔）

action 動作

「あっ」と息をのみ，開いた口を手のひらで覆う．両手で口を覆うこともある．青ざめた顔の表情を伴う．

meaning 意味

①驚き．驚いて声も出ない．信じられない．
＊思いもよらないことが起きたとき．
②狼狽．不安．
＊悪いことが起きたとき．
＊ショックを受けたとき．
③焦り．戸惑い．困惑．
＊失敗に気づいたとき．
④恐怖．
＊恐怖感におそわれたとき．
⑤吐き気．
＊気分が悪いとき．

usage 使われ方

使用頻度	性 別	年 齢	親密度	形式度	品 位
◎	F	A	L	N	N

M:MALE F:FEMALE A:ADULT C:CHILD H:HIGH L:LOW N:NORMAL

使用頻度	自分が使うか……よく使う21％　時々使う41％　使わない38％
	見たことがあるか……よく見る41％　時々見る53％　ない6％
性　別	男性がよく使う2％　男女とも使う9％　女性がよく使う89％
年　齢	大人が使う93％（年配2％　若者53％　両方38％）

	子供が使う1%	
	大人も子供も使う6%	
親密度	親しい間柄の人に用いる19%	誰にでも使える81%
形式度	形式的な堅苦しいしぐさ10%	普通84%　リラックスしたしぐさ6%
品位	上品なしぐさ13%　**普通84%**　下品なしぐさ3%	

> 使用頻度は，自分が「よく使う」と「時々使う」を合わせると約6割ですが，他の人がするのを「よく見る」と「時々見る」で94%とかなり高い割合を示しています．おもに大人の女性が使うしぐさです．誰に対してでも使うことができ，形式度・品位ともに「普通」です．

comparison　比較（英米人の意見より）

"Oh dear!" "That's terrible!" などのことばを伴って驚きを表すときに同様の使い方をします．女性のほうが多く使う傾向にあります．同じ意味を表す他の動作としては「両手で頬をはさむ」という動作が挙げられました．

✌ plus alpha ✎

ことばにおいても「若者ことば」は独特の流行があり，常に変化が見られますが，「若者の動作や行動様式」も同様に変化し続けています．最近では，電車の中や学校の廊下などに座り込む若者が増え「じべたりあん」と呼ばれたり，公の場では従来しなかった靴下のはきかえや化粧などを，電車の中でする女子高校生が増えてきたといった変化が見られます．若者がよくする動作としては，この他に，「驚いて口に手をやる」「頬づえをつく」「しゃがむ」「親指で指差す」「片手で拝んで頼み込む」「両手を広げて喜ぶ」などがあります．

MOUTH

J-66. こぶしで口を覆う

action 動作
片方の手を軽く握り,口を覆うようにする.はっとした驚きの表情を伴う.

meaning 意味
①驚き.びっくりしている.
*意外なことが起きたとき.
「えっ」
②慌てる.焦る.
*自分に不都合なことが起きたとき.
*困ったとき.
*不都合なことを思い出したとき.
「あっ,いけない!」
③自己制止.話を止めようとする.
*つい口を滑らせそうになったとき.
「あ,しまった!」

usage 使われ方

使用頻度	性別	年齢	親密度	形式度	品位
○	MF>F	A>AC	L	N>L	N

M:MALE F:FEMALE A:ADULT C:CHILD H:HIGH L:LOW N:NORMAL

使用頻度　自分が使うか……よく使う12%　時々使う41%　使わない47%
　　　　　見たことがあるか……よく見る18%　時々見る61%　ない21%
性　別　　男性がよく使う7%　**男女とも使う68%**　女性がよく使う25%
年　齢　　**大人が使う52%**（年配2%　若者27%　両方23%）
　　　　　子供が使う9%
　　　　　大人も子供も使う39%

親密度	親しい間柄の人に用いる33%	誰にでも使える67%
形式度	形式的な堅苦しいしぐさ11%	普通59%　リラックスしたしぐさ30%
品位	上品なしぐさ6%　**普通81%**	下品なしぐさ13%

> 自分が「よく使う」と「時々使う」で約5割ですが,他の人がするのを「よく見る」と「時々見る」では約8割を示し,日常よく見られるしぐさだと言えるでしょう.男女ともに使いますが,女性のほうが多少多く使う傾向が見られます.年齢的には若者の使用も多いようです.誰にでも使えます.形式度は「普通」が約6割,「リラックスしたしぐさ」が3割です.品位は「普通」です.

`comparison` 比較(英米人の意見より)

驚き・困惑・ショック・恐れ・何かを急に思い出した,などの状況で同様に使われます.この動作も共通点が多いという意見が多く見られました.その他に驚きを表すものとして,以下のようなものが挙げられました.

・何か忘れかけていたことがあって,「あっ!」と息をのむようなときは,片手の親指と人差し指の間を開け,手を横向きにして口に当てる.
・手を使わずに,口を大きく開けて,目を大きく見開く.
・両手で顔を覆う.

MOUTH

J-67. 口元に手を添える（ひそひそ話）

action 動作
片手を広げて口元に当て，小声で話す．

meaning 意味
①内緒話．秘密の話．
* 他人に聞かれたくない話をするとき．
* こっそりと内密な話をするとき．
* 大事な話をするとき．
* 人を出し抜いたり，作戦を立てたりするとき．
②小声話．
* 小さい声で話したほうがいいとき．
* 小さな声で話すべきとき．

usage 使われ方

使用頻度	性別	年齢	親密度	形式度	品位
◎	MF>F	AC>A	H	N>L	N>L

M:MALE F:FEMALE A:ADULT C:CHILD H:HIGH L:LOW N:NORMAL

使用頻度　自分が使うか……よく使う6％　時々使う70％　使わない24％
　　　　　見たことがあるか……よく見る28％　時々見る70％　ない2％
性　別　　男性がよく使う4％　**男女とも使う73％**　女性がよく使う23％
年　齢　　大人が使う45％（年配8％　若者11％　両方26％）
　　　　　子供が使う0％
　　　　　大人も子供も使う55％
親密度　　親しい間柄の人に用いる80％　誰にでも使える20％

形式度　形式的な堅苦しいしぐさ1%　**普通53%**　リラックスしたしぐさ46%
品位　　上品なしぐさ0%　**普通69%**　下品なしぐさ31%

- 自分が「よく使う」と「時々使う」で76%と,実際に自分で使うという回答がかなりありました.他の人がするのを「よく見る」が約3割,「時々見る」が7割と,高い使用頻度を示しています.大人も子供も使い,男女とも使います.親しい間柄の人に対して使います.形式度は「普通」から「リラックス」.品位は「普通」ですが,「下品なしぐさ」であるという回答も3割ありました.「ひそひそ話」に対するイメージがあまりよくないこともうかがえます.

comparison　比較(英米人の意見より)

「秘密のことをささやいている」という意味では同様に使います.親しい間柄に使うインフォーマルなしぐさです.第三者がいる前で使うのは礼儀に反します.手を使わずに相手の耳元で低い声でささやくこともあります.

MOUTH

J-68. 口元に手を添える(呼びかけ)

action 動作

片手を口の横に当て,大きな声を出して叫ぶ.両手ですることもある.

meaning 意味

①**呼びかけ.**
*遠くにいる人を呼ぶとき.
*人を捜しているとき.
②**絶叫.**
*悲惨なことが起きたとき.
*危険な状況で助けを求めるとき.
③**呼び止め.**
*去って行く人を必死で呼び止めるとき.
④**惜別.**
*見送りにきて別れを惜しむとき.
⑤**再会のうれしさ.**
*久しぶりに会う人を駅や空港で出迎え,相手を見つけたとき.
⑥**訴える.懇願.**
*去っていく人にくり返し頼むとき.

usage 使われ方

使用頻度	性別	年齢	親密度	形式度	品位
△	MF	A>AC	H	NL	N

M:MALE F:FEMALE A:ADULT C:CHILD H:HIGH L:LOW N:NORMAL

使用頻度	自分が使うか……よく使う1%　時々使う18%　使わない81% 見たことがあるか……よく見る4%　時々見る44%　ない52%
性　別	男性がよく使う15%　男女とも使う82%　女性がよく使う3%
年　齢	大人が使う52%（年配11%　若者14%　両方27%） 子供が使う0% 大人も子供も使う48%
親密度	親しい間柄の人に用いる74%　誰にでも使える26%
形式度	形式的な堅苦しいしぐさ2%　普通77%　リラックスしたしぐさ21%
品位	上品なしぐさ0%　普通89%　下品なしぐさ11%

> 「自分では使わない」が8割を超えましたが，これは，このような動作を使う状況自体が日常的にあるわけではないということでしょう．他の人がするのを「よく見る」と「時々見る」では約5割を示しました．男女とも大人も子供も使います．「親しい間柄の人に用いる」が7割を超え，親しい人に対して呼びかける状況が多いことを示しています．形式度・品位は「普通」です．

comparison　比較（英米人の意見より）

遠くにいる人に呼びかけたり，何か叫んだりするときに同様の使い方をします．同様の意味で使う動作のバリエーションとしては，以下のようなものが挙げられました．

・両手を口元に当てて大声を出す．
・両手を頭上で振る．

J-69. 口元に手をやる

action 動作
片手を軽く握り，人差し指を口につける．少しうつむき加減になる．

meaning 意味
① 困惑．不安・悩みごと．心配．
* どうしたものかと考え込むとき．
* 追い詰められて困ったとき．
* 落ち込んだとき．
  「どうしよう．困ったなあ」
② 反省．
* ばつが悪いとき．
* 悪かったと反省しているとき．
③ 不信．疑問．
* 不信に思うとき．
* 不思議に思ったとき．
④ 躊躇（ちゅうちょ）．甘える態度．
* 言い出しにくくてもじもじしているとき．
* 恥ずかしいとき．

usage 使われ方

使用頻度	性別	年齢	親密度	形式度	品位
△	F	A>AC	L>H	N	N

M:MALE F:FEMALE A:ADULT C:CHILD H:HIGH L:LOW N:NORMAL

使用頻度　自分が使うか……よく使う8%　時々使う42%　使わない50%
　　　　　見たことがあるか……よく見る9%　時々見る56%　ない35%
性　別　　男性がよく使う0%　男女とも使う19%　女性がよく使う81%

年　齢	大人が使う68％（年配6％　若者20％　両方42％） 子供が使う4％ 大人も子供も使う28％
親密度	親しい間柄の人に用いる34％　誰にでも使える66％
形式度	形式的な堅苦しいしぐさ3％　普通80％　リラックスしたしぐさ17％
品位	上品なしぐさ2％　普通92％　下品なしぐさ6％

> 自分が「よく使う」と他の人がするのを「よく見る」は，それぞれ10％弱でほぼ同程度の数字を示しています．自分が「時々使う」は約4割で，「時々見る」は6割弱と，日常使われるしぐさではありますが，それほど使用頻度の高いものではありません．女性がよく使います．大人も子供も使います．形式度・品位ともに「普通」です．

comparison　比較（英米人の意見より）

困って熟考しているという意味で同様に使います．女性が多く使うという意見も見られました．同様の意味を表すしぐさとしては，以下のようなものが挙げられました．

・このしぐさをしながら，もう一方の片手の指で机を軽く叩く．
・遠くを見つめて唇をすぼめる．
・片手のこぶしをあごに当てる．

MOUTH

J-70. 鼻を指差す

action 動作
片手の人差し指で，自分の鼻の頭を指す．

meaning 意味
①自分の確認．
＊自分のことかどうか確認するとき．
「私のこと？」
②自分の強調．
＊「自分」「私」ということを強調するとき．
「私が…」
③印象づけ．
＊自分の存在を相手に印象づけるとき．
④注意の喚起．
＊自分に注意を向けてほしいとき．

usage 使われ方

使用頻度	性 別	年 齢	親密度	形式度	品 位
◎	MF>F	AC	H	L>N	N

M:MALE F:FEMALE A:ADULT C:CHILD H:HIGH L:LOW N:NORMAL

使用頻度	自分が使うか……よく使う39％　**時々使う48％**　使わない13％
	見たことがあるか……**よく見る57％**　時々見る39％　ない4％
性　別	男性がよく使う1％　**男女とも使う62％**　女性がよく使う37％
年　齢	大人が使う36％（年配1％　若者24％　両方11％）

	子供が使う11%
	大人も子供も使う53%
親密度	**親しい間柄の人に用いる72%**　誰にでも使える28%
形式度	形式的な堅苦しいしぐさ1%　普通41%　**リラックスしたしぐさ58%**
品位	上品なしぐさ3%　**普通89%**　下品なしぐさ8%

> 自分が「よく使う」と「時々使う」で9割弱，他の人がするのを「よく見る」は57%，「時々見る」と合わせて96%と，非常に使用頻度の高い動作です．男女ともによく使いますが，どちらかと言えば女性のほうが多く使う傾向にあります．大人も子供も使い，親しい間柄の人に対して使うことの多いリラックスした動作です．品位は普通です．

comparison　比較（英米人の意見より）

人差し指の先が顔に向けられている点に違和感があるという意見が多く見られ，「鼻」という意味に誤解されるようです．「自分」を指し示すしぐさとしては，以下のものが挙げられました．
・手のひらを胸に当てる．
・人差し指や片手で胸を指す．
・親指で胸を指す．

―――― **plus alpha** ――――

日本人に特徴的で，しかもよく見かける動作としては，「口を手で隠して笑う」「お酌」「鼻を指す（私）」「合掌」「直立姿勢」「お辞儀」などがあります．

NOSE

J-71. 肩を叩く

action 動作
相手の肩を,ポンと1回叩く.

meaning 意味
①賞賛.ねぎらい.
「よくやったな!」
②信頼感.
「頼りにしてるよ」
「よろしく頼むよ」
③激励.期待感.
*上司が部下を激励するとき.
「がんばってくれよ」

usage 使われ方

使用頻度	性別	年齢	親密度	形式度	品位
○	M>MF	A	L>H	L>N	N

M:MALE F:FEMALE A:ADULT C:CHILD H:HIGH L:LOW N:NORMAL

使用頻度	自分が使うか……よく使う3%　時々使う42%　**使わない55%** 見たことがあるか……よく見る22%　**時々見る66%**　ない12%
性別	**男性がよく使う68%**　男女とも使う29%　女性がよく使う3%
年齢	**大人が使う87%**（年配47%　若者11%　両方29%） 子供が使う0% 大人も子供も使う13%
親密度	親しい間柄の人に用いる47%　誰にでも使える53%
形式度	形式的な堅苦しいしぐさ12%　普通40%　リラックスしたしぐさ48%
品位	上品なしぐさ2%　**普通93%**　下品なしぐさ5%

自分で「よく使う」と「時々使う」を合わせると5割弱ですが，他の人がするのを「見たことがある」は約9割を占めました．性別では男性が7割弱で，男性がよく使うしぐさだと言えるでしょう．大人特に年配の男性がよく使うという回答が多く，年上が年下に，目上が目下，上司が部下に使うのがこのしぐさの典型的な形でしょう．ねぎらい・信頼感・期待感という意味からも，よく知っている相手に対して使うことが多いと考えられます．目上の立場からは，「リラックスしたしぐさ」であり，品位は「普通」です．

comparison　比較（英米人の意見より）

賞賛・励まし・祝福・同情・祝賀・感謝などの意味で同様に使うという回答が多くありました．どちらかというと男性が多く使います．多少異なる点として以下のものが挙げられました．
・肩は1回だけではなく，2〜3回叩く場合がある．
・背中の上部を叩くこともある．
・相手をほめたり励ましたりするときは，リラックスした姿勢をとる．

J-72. 肩を勢いよく叩く

action 動作

片手で，相手の肩を勢いよく，払うように叩く．笑顔を伴う．

meaning 意味

①祝福.
＊相手の幸運を祝福するとき.
＊相手にいいことがあったとき.
「よかったね」

②健闘をたたえる.
＊相手が目的を達成したとき.
＊相手が一生懸命何かをして，それが報われたとき.
「やったね！」

③喜びを分かち合う.
＊相手とともに喜ぶとき.
＊自分と相手の気持ちがひとつになったとき.
＊相手の成功が自分にとってもうれしいことであるとき.

④賞賛
＊親しみを込めて大げさにほめるとき.
＊親しい友人や目下の者がいいことをしたとき.

⑤激励.
＊相手に気合いを入れるとき.
「がんばって！」

usage 使われ方

使用頻度	性 別	年 齢	親密度	形式度	品 位
○	MF	A>AC	H	L	N

M:MALE F:FEMALE A:ADULT C:CHILD H:HIGH L:LOW N:NORMAL

使用頻度	自分が使うか……よく使う11%　時々使う42%　使わない47%
	見たことがあるか……よく見る17%　**時々見る66%**　ない17%
性　別	男性がよく使う8%　**男女とも使う82%**　女性がよく使う10%
年　齢	**大人が使う51%**（年配2%　若者33%　両方16%）
	子供が使う6%
	大人も子供も使う43%
親密度	**親しい間柄の人に用いる87%**　誰にでも使える13%
形式度	形式的な堅苦しいしぐさ0%　普通21%　**リラックスしたしぐさ79%**
品位	上品なしぐさ0%　**普通86%**　下品なしぐさ14%

> 自分が「よく使う」と「時々使う」で約5割です．他の人がするのを「よく見る」と「時々見る」では8割を超え，日常よく見かけるしぐさだと言えるでしょう．男女とも，大人も子供も使います．親しい間柄の人に対して使う「リラックスしたしぐさ」です．品位は「普通」です．

comparison　比較（英米人の意見より）

「おめでとう」「よくやったね」という相手に対する祝福の気持ちを表す点で共通するという意見でしたが，手の動きの方向や強く叩いているようなところは異なるという意見もありました．男女ともに使い，親しい間柄の大人が使います．この他に同様の意味のしぐさとして，以下のものが挙げられました．

・握手をする．
・抱き合う．
・拍手する．
・腕を相手の肩に回す．
・向かい合って相手の肩を軽く叩く．

J-73. 舌を出す

action 動作
舌を出す．首をすくめることもある．

meaning 意味
①からかう．
＊子供同士のけんかで，相手をばかに するとき．
「あっかんべえだ」
②自己反省．
＊自分がまずいことをしてしまったとき．
＊自分の落ち度を認めるとき．
「しまった！」「あっ，いけない」
③拒否反応．相手への嫌悪感．
＊怒られたり，説教をされて，相手の 言うことを聞きたくないとき．
＊相手の意見に対する拒否反応があるとき．
④照れ隠し．
＊自分のしたことをごまかすとき．
＊失敗したときの恥ずかしさを隠すとき．
＊ばつが悪いとき．

usage 使われ方

使用頻度	性別	年齢	親密度	形式度	品位
○	MF>F	AC>C	H>L	L	L>N

M:MALE F:FEMALE A:ADULT C:CHILD H:HIGH L:LOW N:NORMAL

使用頻度	自分が使うか……よく使う3％　時々使う42％　**使わない55％**
	見たことがあるか……よく見る14％　**時々見る67％**　ない19％
性　別	男性がよく使う2％　**男女とも使う66％**　女性がよく使う32％
年　齢	大人が使う25％（年配2％　若者20％　両方3％）
	子供が使う36％
	大人も子供も使う39％
親密度	**親しい間柄の人に用いる64％**　誰にでも使える36％
形式度	形式的な堅苦しいしぐさ1％　普通34％　**リラックスしたしぐさ65％**
品位	上品なしぐさ0％　普通47％　**下品なしぐさ53％**

> 自分が「よく使う」と「時々使う」で5割弱，他の人がするのを「よく見る」と「時々見る」で約8割です．「男女ともに使う」が6割強を占めていますが，どちらかというと女性のほうが多く使うようです．年齢では「子供が使う」が「大人が使う」を上回り，子供同士が遊び友達とけんかをするようなときによく使われること示しています．大人がすると，子供っぽいしぐさだと受け取られます．親しい間柄の人に対して使うことが多く，「リラックスしたしぐさ」です．「下品なしぐさ」との回答も半数を越え，品のない動作と受け取られるようです．

`comparison` 比較（英米人の意見より）

舌を出して相手をばかにしたり，からかったり，相手への嫌悪感を示すという点で同じだという意見が多くありました．大人よりは子供のほうが使います．くだけた失礼なしぐさです．このほかに相手をからかうしぐさとしては，以下のようなものが挙げられました．

・広げた片手の親指を鼻につけ，他の4本の指をひらひらさせる．
・両手の指を広げて両耳につけてひらひらさせる．
・イギリスでは，手の甲を相手に向けてVサインをすると侮辱の意味になる．

J-74. こめかみを掻く

action 動作

人差し指を軽く曲げて，こめかみのあたりに持っていき，2〜3回掻くような動作をする．他の指は軽く握る感じ．口角を下げたり，口を曲げたりした表情を伴う．

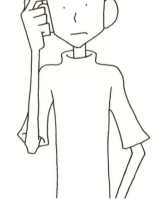

meaning 意味

① 困惑．
＊何かミスをしたとき．
＊無理なことを頼まれたとき．
「困ったな」「弱ったなぁ」
② 半信半疑．
＊あまり合点がいかないとき．
＊納得できないとき．
③ とぼける．ごまかす．
＊いいかげんに答えるとき．
「えっ，そうだっけ？」
④ 考え事．
＊思い出そうとしているとき．
＊頭の中を整理しているとき．
⑤ 躊躇 (ちゅうちょ)．
＊自信がないとき．
＊不安なとき．

usage 使われ方

使用頻度	性別	年齢	親密度	形式度	品位
△	MF>M	A>AC	L	N	N

M:MALE F:FEMALE A:ADULT C:CHILD H:HIGH L:LOW N:NORMAL

使用頻度　自分が使うか……よく使う6%　**時々使う53%**　使わない41%
　　　　　見たことがあるか……よく見る10%　**時々見る64%**　ない26%
性　別　　男性がよく使う35%　**男女とも使う63%**　女性がよく使う2%
年　齢　　**大人が使う63%**（年配20%　若者14%　両方29%）
　　　　　子供が使う4%
　　　　　大人も子供も使う33%
親密度　　親しい間柄の人に用いる20%　**誰にでも使える80%**
形式度　　形式的な堅苦しいしぐさ7%　**普通71%**　リラックスしたしぐさ22%
品位　　　上品なしぐさ0%　**普通85%**　下品なしぐさ15%

- 自分が「よく使う」と「時々使う」で約6割，他の人がするのを「よく見る」と「時々見る」で7割強です．「男女とも使う」は約6割の回答ですが，どちらかと言うと男性が多く使う傾向にあるようです．大人も子供も使いますが，大人のほうが多く使うようです．誰にでも使えるしぐさで，形式度・品位ともに「普通」です．

comparison　比較（英米人の意見より）

「そうだったかなあ」と半信半疑で考えている，不確かなことで困惑しているなどの意味で同様に使います．同じ意味の動作のバリエーションとして，以下のものが挙げられました．

・人差し指で額を軽く叩く．
・遠くを眺めて頭をかしげる．
・後頭部を掻く．
・片手であごを上下にさする．
・頬に人差し指を当て，あごに親指を当てて考える．他の指は軽く握る．

こめかみ
TEMPLE

149

日本人編をまとめて

　日本人なら，日本人のしぐさはよく分かっていると思われるでしょう．誰もが自分と同じように使っていると思いがちですが，そこには，地域差があり，年代差，男女差，個人差もあります．しぐさの調査をしていてよく感じたことは，この動作は日本人ならみな同じ意味を挙げるだろうと思っていても，その予想がかなり裏切られ，さまざまな受け取り方があることに気づかされたことです．だからといって，日本人として共通の受け取り方がないわけではありません．全体的に見れば，目上の人にする動作，親しい人にする動作，上品な動作，下品な動作になどに対する感じ方は，日本人としての大まかな傾向が見られました．

　しぐさや顔の表情は日常生活の中で無意識に使われることが多く，社会の中で自然に身につけていくものです．その暗黙のルールを理解することは，留学生や海外からのビジネスマンには，難しいと感じられることでしょう．私は，日本人のコミュニケーションは分かりにくいといって片づけてしまわないで，日本人を理解してもらうために自らのコミュニケーションを調査し，それを異なる文化圏から来た人々に伝えることが必要であると感じてきました．それが，この日本人編をまとめたきっかけの一つです．

　異なる文化圏から来た人々と日本人がコミュニケーションをとるときには，お互いが理解し合えることが重要であり，日本にいるからといってすべてを日本式にするべきだとは考えません．日本式にするか，自分の文化の行動様式をとるかは，相手や状況を考えて本人が選択することであり，それぞれのやり方をあい交えて第三のやり方を編み出していくことを奨励したり受け入れたりする考えも出てきました．基本になるのはそれぞれの文化のやり方に対する理解であり，それなしに自分の文化の考え方のものさしですべてを測ろうとすると誤解が生まれます．多様なものさしを柔軟に使いこなせるコスモポリタンをめざしたいものです．（東山）

BODYTALK
アメリカ人編

A-1. SWEEPING CROSSED ARMS
両手払い

action 動作

両方の手のひらを下に向け，体の前で軽く交差させてから，さっと両脇に払う．

meaning 意味

全部．何でも．全く．

* 「すべてOK」という肯定と，「すべてだめ」という否定の場合がある．

❑ ホテルの一室で2人が話をしている．

Mrs. Robinson: "May I ask you a personal question?"
Ben: "Ask me *anything* you want."

ロビンソン夫人：「個人的な質問をしてもいいかしら」
ベン：「何でもどうぞ」

— The Graduate —

usage 使われ方

使用頻度	性　別	年　齢	親密度	上下関係	品　位	ことばとの関係
△	MF	A	—	—	N	G+S

M:MALE F:FEMALE A:ADULT C:CHILD H:HIGH L:LOW N:NORMAL
C:CASUAL G:GESTURE S:SPEECH

152

それほどよく使われる動作ではありませんが，男女ともに使います．子供はあまり使いません．品位は「普通」．ことばとともに使うのが通例ですが，特に定型表現があるわけではありません．

comparison 日本人との比較

日本人は使わない動作です．両手を手首のところで交差させて否定の意味で使うことはありますが(cf.J-1)，その手を左右に払うことはしません．

❖*The Graduate*のあらすじ❖

「卒業」

　名門大学を卒業したベンは，親の友人であるロビンソン夫人に誘惑され，関係を持つことになります．しかし，何も知らない両親の勧めでロビンソン夫人の娘イレインに会い，徐々に惹かれていきます．ロビンソン夫人は，嫉妬や不安からそれを妨害しようとしますが，ベンはイレインに愛を打ち明けます．けれども，母親とベンのことを知ったイレインは，大学に戻り，カールという男性と付き合います．ベンは彼女の大学のある町に住み，何度も許しを請い，結婚を申し込みます．ロビンソン氏は，イレインを退学させカールとの結婚話を進めます．彼女の結婚式の日，ベンは教会を探して花嫁を連れ出し，2人はバスで旅立つのです．
（1967）

A-2. HAND TO BROW
額に手

action 動作
片方の手のひらを額に当てる．あるいは，指先で1～2回こするようにする．

meaning 意味
①怒り．嫌悪感．いら立ち．

> 仲間と話をしたあとで，ジョンが少し怒ったような表情で車に戻ってくる．ジョンは車に乗り，首を垂れ，左手の指先で額をこする．
> — *American Graffiti* —

②がっかりする．気持ちが沈んでいる．

③心配．不安．気持ちが混乱している．うろたえる．

usage 使われ方

使用頻度	性別	年齢	親密度	上下関係	品位	ことばとの関係
○	MF	A>C	—	—	N	G/G+S

M:MALE F:FEMALE A:ADULT C:CHILD H:HIGH L:LOW N:NORMAL
C:CASUAL G:GESTURE S:SPEECH

よく使われる動作です．男女とも，大人がおもに使います．上の例のように動作のみで使うことも多いのですが，ことばを伴う場合もあります．

`comparison` 日本人との比較

日本人も，考え込んでいる時や困ったときなどに額に手を持っていくことはあります(cf.J-7)．さらに深く考え込んでしまうような場合には，両手で頭を抱え込んでしまうこともあります(cf.J-52)．

❖American Graffityのあらすじ❖

「アメリカン・グラフティ」

　舞台は1962年のカルフォルニアの田舎町．東部の大学へ進学目前の，優等生のカートとスティーブは，仲間のジョン，テリーと会い，それぞれ夜の町に出かけて行きます．

　ひょっとした事から，町の不良グループ，「ファラオ」と行動をともにさせられた優等生のカートは一目ぼれした金髪美人を探し出してくれと，ＤＪのウルフマン・ジャックに頼みます．テリーは魅力的なデビーのナンパに成功し，スティーブは恋人のローリーとなかなか素直になれずに，破局寸前になってしまいます．まだ１３歳の生意気な少女キャロルを町で拾ってしまったジョンは，彼女の扱いに四苦八苦します．カーラジオから流れるウルフマン・ジャックのＤＪやたくさんのオールデイズの曲とともに描き出される青春のひとこまです．（１９７３）

A-3. SLAPPING BROW
額叩き

action 動作
片方の手のひら（の手首寄りのところ）で額を1回叩く．

meaning 意味
①失敗や忘れてしまったことに気がついたときの困惑．
- 不意の来客があり，ふと気がついたら出かける時刻を過ぎてしまい，「あっしまった」と手のひらで額を叩く．

②うろたえる．悪いことが起きたことを信じられない．
- 1人の青年が，不良グループに誘われて車にいっしょに乗らされるはめになる．車に乗る前に左手で額を叩く．

— *American Graffiti* —

usage 使われ方

使用頻度	性別	年齢	親密度	上下関係	品位	ことばとの関係
○	MF	A>C	—	—	N	G/G+S

M:MALE F:FEMALE A:ADULT C:CHILD H:HIGH L:LOW N:NORMAL
C:CASUAL G:GESTURE S:SPEECH

> 使用頻度は「普通」です．男女とも，大人がおもに使います．

comparison 日本人との比較
日本人も使う動作ですが，日本人の場合は，こぶしで叩くことが多いようです．(cf.J-8)

額 BROW

A-4. RUBBING CHEEK
頬なで

action 動作

片手で相手の頬に触れ，やさしくなでる．

meaning 意味

①愛情表現．

❏子供が急いで学校から帰ってきて「今日，学校でこんなことがあったんだ」と一生懸命話すのを聞きながら，母親が子供の頬に手をやる．

②お礼．感謝の気持ち．

❏クリスマスイブに義父からプレゼントをもらった女性が，左手で彼の右頬に触れる．

Woman: "*Thank you, thank you.*"

女性：「ありがとう，ありがとう」

— *Yesterday* —

③別れの挨拶．

❏青年が空港に祖父を見送りに来る．祖父は「さようなら」と言いながら，孫の顔に手をやり，指を首に回して，親指で頬をなでる．

— *Yesterday* —

④挨拶．

❏キッチンで「おはよう」と息子のジョンが母親の頬にキスする．母親は息子の頬と耳に左手をやり，「おはよう」と答える．

— *Something for Joey* —

usage 使われ方

使用頻度	性別	年齢	親密度	上下関係	品位	ことばとの関係
△	F>M	A→C	H	—	N	G/G+S

M:MALE F:FEMALE A:ADULT C:CHILD H:HIGH L:LOW N:NORMAL
C:CASUAL G:GESTURE S:SPEECH

- 親子・祖父母と孫など，家族の間で大人が子供に対してすることが多い動作です．家族の間では大人になってもすることもあります．女性のほうがよくする動作です．親しい間柄では，友人の子供に対してもします．動作だけの場合とことばを伴う場合があります．

comparison 日本人との比較

日本人の場合は，親や祖父母が幼い子供に対する愛情表現としてすることがある程度でしょう．

❖Yesterdayのあらすじ❖

「イエスタデイ」

　1960年代，カナダの大学を舞台に若者たちの愛と青春を描いた映画です．彼らは，スポーツやパーティーなど，学生生活を楽しんでいます．

　アメリカから来た金持ちの息子マットは，医者を目指しています．彼は急進的なフランス系カナダ人の娘ガブリエルと出会い，恋が芽生えます．しかし，彼らの背景にある政治的，経済的環境の違いにより，関係が少々複雑なものになってきます．最終的に，マットはベトナム戦争に従軍します．そしてガブリエルは，マットの子供を身ごもったまま，彼を見送るのでした．(1979)

A-5. PATTING CHEEK
頬叩き

`action` 動作

相手の頬を片手で軽く2～3回叩く
ようにする.

`meaning` 意味

①愛情表現＋会話の終わり.

＊地位・年齢の上の者から下の者へ
の愛情表現. PATTING SHOULDER
(A-65) の場合と同様に会話の終わ
りを示すことも多い.

❏ 兄のアメリカンフットボールの試
合が終わったあと, コーチがジョ
ーイに話しかける.

Coach: "You going to be in the
locker room this week?"
Joey: "You bet!" (Coach pats Joey's cheek twice.)

コーチ：「今週，ロッカールームに来るかい」
ジョーイ：「もちろん！」（コーチはジョーイの頬を2回軽く叩く）

— *Something for Joey* —

②愛情表現＋祝福.

❏ ベンはイレインと結婚するつもりだと父親に話す. 父親は喜んでベンの左頬
を右手で軽く3～4回叩き，抱きしめる.

— *The Graduate* —

`usage` 使われ方

使用頻度	性 別	年 齢	親密度	上下関係	品 位	ことばとの関係
△	F>M	A→C C→A× C&C×	H	H→L	N	G/G+S

159

M:MALE F:FEMALE A:ADULT C:CHILD H:HIGH L:LOW N:NORMAL
C:CASUAL G:GESTURE S:SPEECH

- 時々使う動作で，女性のほうが多く使います．大人が子供に対して
する動作です．子供同士や子供が大人に対してすることはありませ
ん．親が子に・祖父母が孫になど，家族の間ですることが多い動作
です．ただし，RUBBING CEEK(A-4)が，家族間でなされる傾向に
あるのに対し，このPATTING CHEEKは，親しい間柄であれば先
生と生徒，コーチと選手など，より広い範囲の間柄でも使えます．
このような場合にも，上の者が下の者に対して行います．

comparison 日本人との比較

日本人の場合は，幼い子供への愛情表現として使う程度でしょう．

❖Something for Joeyのあらすじ❖

「ジョーイ」

　アメリカのどこにでもあるような，ごくごくふつうの家庭に突然訪れた不幸．元気な末っ子ジョーイが不治の病にかかってしまいます．

　病と闘いながらも明るさを失わずに野球を始めるジョーイを，絶望の中でも，深い愛情で家族が支えます．

　兄のジョンは，大学でフットボールのヒーロー選手です．そのジョンが試合で活躍することは，ジョーイのいちばんの喜びです．そこで，ジョンはジョーイの誕生日のプレゼントに，1試合タッチダウン4つを約束します．ジョンは大活躍し，最優秀選手に与えられるハイズマン賞を獲得したのでした．（1977）

A-6. PRESSING CHEEK
頬ずり

action 動作
相手と抱き合い，自分の頬を相手の頬にすりつける．

meaning 意味
祝福＋愛情表現．

❏ ベンの結婚相手が決まったことを聞いた母親が，とても喜んで彼を抱き寄せ，頬ずりする．
— *The Graduate* —

usage 使われ方

使用頻度	性別	年齢	親密度	上下関係	品位	ことばとの関係
○	F>M M&M×	A&A A→C	H	H→L	N	G

M:MALE F:FEMALE A:ADULT C:CHILD H:HIGH L:LOW N:NORMAL
C:CASUAL G:GESTURE S:SPEECH

> 女性が多く使う動作で，男性同士ではしません．大人同士か，大人が子供に対してする動作で，使用頻度は「普通」です．目上の人に対してはしません．ことばはこの動作の前後に話されます．

comparison 日本人との比較
日本人の場合は，親や祖父母が幼い子供への愛情表現として行う程度でしょう．

頬
CHEEK

A-7. PUFFED CHEEKS
ふくれっ面

action 動作
口を閉じて,両頬をふくらませる.

meaning 意味
いら立ち.怒り.不満.

❏ ベンが,婚約破棄をした相手の女性,イレインの通っている大学町まで追いかけて来る.それを迷惑に思い怒っているイレインは,「もう,信じられない!どうしてこんな所まで来るのよ!」と両頬をふくらませる.

Elaine: "Benjamin, you're... I don't know what to say."
Ben: "Maybe we can get together some time and talk about it."
Elaine: "... really incredible!" (Puffs cheek and walks quickly away)

イレイン:「ベンジャミン,あなたったら…なんて言ったらいいか分からないわ」
ベン:「いつか会って,じっくり話ができないかな」
イレイン:「…まったく,もう信じられない」

— *The Graduate* —

usage 使われ方

使用頻度	性別	年齢	親密度	上下関係	品位	ことばとの関係
△	F>M	C>A	H	—	C	G

M:MALE F:FEMALE A:ADULT C:CHILD H:HIGH L:LOW N:NORMAL
C:CASUAL G:GESTURE S:SPEECH

> 子供がよくする表情です．子供は男の子も女の子もしますが，大人では，女性のほうがよくします．あまり親しくない人や目上の人に対してはしないように努める表情です．

comparison 日本人との比較

日本人も同様の意味でする表情です(cf.J-13)．「ほっぺたをふくらます」「ふくれっ面」と言われる表情です．

A-8. PALM TO CHEST
胸に手

action 動作

胸に片手を当てる.
＊胸部の中央に手のひらを当てる.
①と②の意味では，胸に当てた手を2～3回上下させることもある.

meaning 意味

①うれしくて興奮したとき，自分の気持ちを静める.

❏ カートが一目ぼれした女性から電話がかかってくる．彼はうれしくて興奮し，話しながら右手で胸を何度もなでる.

— *American Graffiti* —

②不安・当惑・落ち着かない.

❏ カートは不良グループのリーダーに「明日の晩また会おう」と誘われる．もう行きたくないと思っているカートは「うーん，まあ」と答えながら，右手を広げて胸に当て2～3回上下させる.

Kurt: "*Well, I guess so. I don't know.*"

カート：「うーん，多分…，わかんない」

— *American Graffiti* —

③安堵・ほっとする

❏ なくなったと思っていたお金が出てきて，「ああ，よかった」と胸に手を当てる.

usage 使われ方

意味①

使用頻度	性別	年齢	親密度	上下関係	品位	ことばとの関係
○	F>M	AC	—	—	N	G+S>G

意味②, ③

使用頻度	性別	年齢	親密度	上下関係	品位	ことばとの関係
○	F>M	AC	—	—	N	G/G+S

M:MALE F:FEMALE A:ADULT C:CHILD H:HIGH L:LOW N:NORMAL
C:CASUAL G:GESTURE S:SPEECH

> 女性の方が多くするしぐさで,使用頻度は普通.大人も子供もします.品位は「普通」.どの意味でも,動作のみの場合とことばを伴う場合がありますが,①の意味ではことばを伴うことが多いです.

comparison 日本人との比較

日本人も同様の意味でする動作です.意味③は両手ですることもあります(cf.J-15).

A-9. POINTING TO CHEST
胸指し

action 動作

次の三種類のやり方がある．いずれの場合も，手や指を動かさない場合と，胸を叩くようにする場合がある．
a) 人差し指を1本出し，その先で自分の胸を指す．
b) 片方の手のひらを少しすぼめて，自分の胸を指す．
c) 片方の手のひらを広げて自分の胸に当てる．

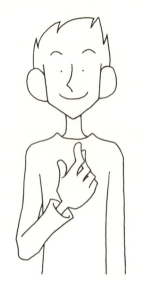

meaning 意味

自分．私．

＊「私のこと？」「私のもの」「私です」など，自分であることを表す．

❏ ラジオ局で，カートとジャックが話をしている．カートが何か言いながら右手の手のひらを少しすぼめて胸を指す．

Kurt: "See, *I* may be leaving town tomorrow and..."

カート：「いいかい，おれは明日町を出て，…」

— *American Graffiti* —

❏ 車の中で，グループの1人が話しながら，左手で軽く自分の胸を叩く．

Boy: "...when I graduate, *I'm* gonna be a Wolfman."

青年：「卒業したら，おれはあのウルフマンみたいになるんだ」

— *American Graffiti* —

usage 使われ方

使用頻度	性別	年齢	親密度	上下関係	品位	ことばとの関係
○	MF	AC	—	—	N	G+S>G

M:MALE F:FEMALE A:ADULT C:CHILD H:HIGH L:LOW N:NORMAL
C:CASUAL G:GESTURE S:SPEECH

> 日常的に使う動作．男女とも，大人も子供も使います．人と会話をする距離で使います．通常は，"I'll go." "You are asking me?" "It's mine." などのように "I, my, me, mine, myself" のいずれかを含むことばとともに使われますが，動作だけでも使います．

comparison 日本人との比較

日本人も「私」の意味で同様の使い方をしますが，この他に日本人が自分を指す動作としてよく使うのは，「人差し指で自分の鼻を指す」動作です(cf.J-70)．この動作は「鼻がかゆいのか」と思われるだけで，アメリカ人には通じません．

A-10. RUBBING CHIN
あごなで

action 動作

片手の親指と人差し指の間を開けてあごに当て，2～3回あごをなでる．あごひげのある男性はひげをさする．

meaning 意味

考え事．

＊困ったことについて考えたり，何かを思い出そうとしたりしているようなとき．

❏ マットのアパートに祖父が訪ねて来る．祖父が洗面所に立った間に，なぜ突然来たのか思案しながら，マットはあごを右手で2回さする．

— Yesterday —

usage 使われ方

使用頻度	性 別	年 齢	親密度	上下関係	品 位	ことばとの関係
○	MF	A>C	―	―	N	G/G+S

M:MALE F:FEMALE A:ADULT C:CHILD H:HIGH L:LOW N:NORMAL
C:CASUAL G:GESTURE S:SPEECH

> 日常的に使う動作です．男女とも使います．大人がよく使いますが，中学生以上の若者も使います．動作のみで使われることも多いのですが，ことばを伴うこともあります．

comparison 日本人との比較

日本人も考えているときにあごに手をやることはあります (cf.J-17)．

A-11. LOOKING AT CEILING
天井にらみ

action 動作

両方の目の眼球を斜め上に上げてしばらく止め,「うーん」と考えているような表情をして, また元の位置に戻す. そのときに眉毛も同時に上に上がる. ROLLING EYES (A-12)のように眼球を回すことはしない.

meaning 意味

①考え事.
*あまり深刻ではないことに対する解決方法を考えるとき. 問題に対して, 自分に都合のよい解決方法を考えるとき.

②からかう.
*優位に立つ者が, 相手をからかって考えるふりをするとき.

❏ ジョン (20歳位の青年) が, キャロル (13歳位の女の子) を乗せてドライブしている. ところが, 途中でパトカーに追いかけられるはめになり, もし捕まって13歳の子を乗せてはいけないととがめられたら何と言い訳をしようか, とジョンは考えている. この場面では強い立場にいるキャロルが,「うーん, それじゃこうしたら」というように, 彼を半分からかいながら両目を斜め上に上げて首をちょっとかしげる. それから首をかしげるのをやめて話し始める.

— *American Graffiti* —

usage 使われ方

意味①

使用頻度	性別	年齢	親密度	上下関係	品位	ことばとの関係
△	F>M	C>A	—	—	N	G

意味②

使用頻度	性別	年齢	親密度	上下関係	品位	ことばとの関係
△	F>M	C>A	H	—	C	G

M:MALE F:FEMALE A:ADULT C:CHILD H:HIGH L:LOW N:NORMAL
C:CASUAL G:GESTURE S:SPEECH

使用頻度はさほど高くなく，時々使われる程度です．男女ともに使いますが女性のほうがより多くする表情です．子供っぽい表情で，大人はあまり使いません．特に意味②の場合，親しい間柄で使い，その場で優位に立つ者が弱い立場の相手に対して使います．考えている最中は動作のみで，そのあとすぐにことばが続きます．

comparison 日本人との比較

日本人も，考え事をしたり相手をからかったりするときに，斜め上に視線を向けることがあります．女性のほうが多く使うでしょう．

EYE

A-12. ROLLING EYES
眼球回し

action 動作

目を大きく開け，眼球をぐるりと回す．

meaning 意味

①**あきれた．軽蔑する．**

*誰かがあきれてしまうようなことをしたときに，その人に対して使う．それほど深刻ではなく，たわいもないことに対して使う．

❏ 朝食のために買っておいたジュースを，夫がそうとは知らずに全部飲んでしまったのに気づき，妻が「あらまあ」と眼球を回す．

❏ パーティーに遅れて来た彼女に対し，相手の青年が怒った顔をする．彼女は座り直しながら，少し遅れたくらいで怒ったりしてと言わんばかりに，両目をくるっと回す．

— *Yesterday* —

❏ マットのアパートに彼の祖父のバートが来る．風呂場にかかっていた女物のストッキングを見つけ，ストッキングに片手をかけながら，首を少し右に傾けて，両目を左から真上，そして右へとぐるっと回す．

— *Yesterday* —

② **「やれやれ」「ああ，よかった」**

❏ 授業中に先生がみんなの宿題を調べて回っている．宿題をやっていなかったので困ったなあと思っていたら，自分の所に来る前に終業のチャイムが鳴ったので，「ああ助かった」と眼球を回す．

❏ 野球チームをやめたいと，父親に言ってきたジョーイだが，やっぱりやめないという気持ちになった．「ジョーイは少しは分かってくれたようだ．やれやれ，一騒動終わって」という気持ちで眼球を回す父親に，母親がほほえみかける．

— *Something for Joey* —

usage 使われ方

使用頻度	性別	年齢	親密度	上下関係	品位	ことばとの関係
○	F>M	AC	H	L→H×	C	G/G+S

M:MALE F:FEMALE A:ADULT C:CHILD H:HIGH L:LOW N:NORMAL
C:CASUAL G:GESTURE S:SPEECH

> 使用頻度は「普通」．男女ともに使いますが，女性のほうが多く用いる傾向にあります．大人も子供も使います．子供は兄弟同士などで，かなり大げさにこの動作を使うことがあります．親しい間柄で使う動作で，社会的地位の高い人に対しては使いません．"Good grief!（これは大変！）"（意味①）や"Whew!（やれやれ）"（意味②）などのことばといっしょに目を動かすこともあります．

comparison 日本人との比較

日本人は，眼球をぐるりと回すような表情はしません．意味②のような，「ああ，よかった」というときには，片手や両手を胸に当てる等の動作をします(cf.J-15)．

EYE

A-13. WIDENED EYES
見開いた目

action 動作
両目を大きく見開く.両眉が同時に上がることも多い.

meaning 意味

①強調.

＊ことばを強調するとき.

❏ クリスマスのために帰国するマットを空港に見送りにきた彼女に,マットが話しかける.そのときことばを強調するために,両眉を上げ,同時に両目を大きく見開く.

Matt: "You'll like my mother. *She's a good cook*."

マット:「きっとぼくの母さんを気に入ると思うよ！料理がうまいんだぜ」

— *Yesterday* —

②怒り.

❏ パーティーで,恋人同士が口論を始める.ガブリエルの言ったことにマットは怒って反論する.その際,両眉を上げ,両目を大きく見開く.

Matt: "He took an oath to defend that country."
Gabrielle: "Mathew, you sound like a Boy Scout."
Matt: "That's right. That's *right, it's called honor, and that's something you will never understand.*"

マット:「彼は国を守るって誓ったんだよ」
ガブリエル:「マシュー,それじゃまるでボーイスカウトみたいじゃないの」

173

マット：「その通り．その通りさ，それが栄誉というものさ，君には絶対
　　分かりっこないものだよ」

— *Yesterday* —

③興奮．

❏ロイは，彼にモーションをかけて追い越して行った女の子の車を追いかけよ
　うと，妹と友人に言う．しかし，彼らは取り合わない．そこでロイは，興奮し
　て目を大きく見開いて言う．

Roy: "*You have no romance, no soul.*"
ロイ：「おまえらにはロマンもハートもないのかよ！」

— *American Graffiti* —

④驚き．

❏ジョンとキャロルの乗っている車に，他の車から水入り風船が投げつけられ
　る．彼女は，「仕返しをしよう」と年上のジョンに命令するように言い張る．
　まだ子供だと思って相手にしていなかったキャロルにそう言われて，ジョンは
　驚いて目を大きく見開く．

Carol: "Just do what I say!"
John: "*Alright, boss.*"

キャロル：「言うとおりにして！」
ジョン：「分かったよ，ボス」

— *American Graffiti* —

⑤真剣．一生懸命．緊張

❏パトカーが来て何やら騒いでいるところに，マットとガブリエルが車で来る．
　検問を通過できなければそこを通れないので，彼は自分の婚約者がいるので通
　してほしいと説明する．そのとき両眉を上げ，同時に両目を大きく見開く．

Policeman: "Nobody through there."
Matt: "*Officer, I gotta get through; my fiancée is in there.*"
Policeman: "What's she doing in there?"
Matt: "*She lives there.*"

警官：「ここから先は誰も通れない」
マット：「おまわりさん，ここを通らなくてはならないんですよ．婚約者
　　がいるんだから」

警官:「彼女はそこで何をしているんだ」
マット:「住んでいるんです」

— *Yesterday* —

⑥励まし.期待.

❏ 未成年のデビーとテリーが,ドライブ中に車を止めてお酒を買おうとする.

Debbie: "And I think you're smart enough to get us some booze. (Kisses him) *Yeah*."(Nods)

デビー:「あなたならきっとうまくお酒を買ってきてくれるわ(と,彼にキス).でしょ?」(うなずきながら)

— *American Graffiti* —

usage 使われ方

使用頻度	性別	年齢	親密度	上下関係	品位	ことばとの関係
◎	MF	AC	—	—	N	G+S>G

M:MALE F:FEMALE A:ADULT C:CHILD H:HIGH L:LOW N:NORMAL
C:CASUAL G:GESTURE S:SPEECH

よく使う目の表情です.男女とも,大人も子供も使います.相手と会話をする距離で使います.通常はことばを伴いますが,非常に驚いたときなどは動作だけでも使います.

comparison 日本人との比較

日本人も,驚いたとき・興奮したとき・真剣に話をしているときなどに目を大きく見開くことはあります.しかし,アメリカ人ほど大きくは見開きませんし,使用頻度もそれほど多くはありません.

EYE

A-14. NARROWED EYES
細めた目

action 動作

まぶしいときにするように，両目を細める．顔の表情は，それぞれの意味により異なる．

meaning 意味

①怒り．

❑ パーティーで，恋人のガブリエルの言ったことにマットは怒って反論しながら両目を細める．

Matt: "*That's right.* That's right, it's called honor, and that's something you will never understand."

マット：「その通り．その通りさ，それが栄誉というものさ，君には絶対分かりっこないものだよ」

— *Yesterday* —

②「分かっているさ」

＊男性同士が，いっしょにいる女性について話をするようなときに使う．「2人の仲は分かっているよ」「いい女性じゃないか」などの意味．"knowing look"といわれる．2人の間に共通の秘密があるようなときに，合図としてウィンクする場合は"knowing wink"といわれる．

❑ 検問中の警官がマットのトランクをチェックしたあとで，車の中の彼女のほうをちらっと見て笑いながら両目を細め，マットに視線を斜めに向けながら話をする．

Officer: "*That's quite a girl you've got there.*"

警官: 「きみがゲットした彼女は，いい女だな」

— *Yesterday* —

③考える・思い出そうとする・疑問がある.

❏クリスマスツリーの飾り付けをしながら，バートと孫のマットが話をしている. マットが父の死をどう思っているか尋ねたのに対し，祖父は両目を細め，考えながら話す.

Bart: "And uh, pride. Yeah. *Your father died the way he lived.* Like a man."

バート：「それと，そうだなあ，誇りだろうな. うん. お前のお父さんは自分の生き方を貫いて死んでいったんだ. 男として」

— *Yesterday* —

❏ジョーイがキッチンで母と話をしている. ジョーイが新聞の記事の中で兄をどう呼んでいたかを思い出そうとして，両目を細める.

Joey: "*You know, the one the newspaper calls him...*"

ジョーイ：「うーん，新聞で兄さんのこと何て呼んでたかって言うと…」

— *Something for Joey* —

④真剣さ.

＊大事な話をするときなど.

❏マットが大学を退学させられたのを知り，祖父のバートが慰める. それに対してマットが，戦争に行かなくてはならないかもしれないのが不安だと祖父に言う.

Bart: "It's not the end of the world."
Matt: "*You, you know* I'm subject to the draft, don't you?"

バート：「この世の終わりってわけじゃないさ」
マット：「ねえ，分かってるでしょう，ぼくは徴兵されちゃうってこと」

— *Yesterday* —

usage 使われ方

使用頻度	性別	年齢	親密度	上下関係	品位	ことばとの関係
○	MF	AC	—	—	N	G+S>G

M:MALE F:FEMALE A:ADULT C:CHILD H:HIGH L:LOW N:NORMAL
C:CASUAL G:GESTURE S:SPEECH

- よく使う目の表情です．男女とも，大人も子供も使います．相手と会話をする距離で使います．多くの場合はことばとともに使いますが，動作のみでも使います．

comparison 日本人との比較

日本人も何かを思い出そうとして目を細めることはありますが，怒りや真剣さを表すのには使わないでしょう．また，日本語の「目を細める」は，「孫の晴れ姿に目を細める」というような，顔一杯のほほえみの表情を表すので，これを"narrow one's eyes"と直訳してしまうと，猜疑心に満ちたまったく異なる顔の表情を思い浮かべることになります．アメリカではこのような表情を，"his/her eyes crinkled" と言います．

EYE

A-15. CRYING
泣く

action 動作

泣きながら，次のような手のしぐさ
をする．
a) 両方の手のひらで顔を覆う．
b) 片手の人差し指で涙をぬぐう．
c) 片手あるいは両手の指先で目頭
を押さえる．

meaning 意味

悲しみ．

❏ ジョーイの母親が，息子のことが
心配で，両手の手のひらで顔を覆
いながら泣く．

Mother: "*We were wrong to put him through so much.*"

母親：「彼をここまで追い詰めた私たちが間違っていたのよ」

— *Something for Joey* —

❏ ローリーは，車を運転しながら，左手の人差し指で2回ほど涙をぬぐう．

— *American Graffiti* —

❏ フットボールの試合で名誉ある賞を受賞したジョンは，受賞パーティーのスピーチで，ジョーイのことに触れ，涙を流す．演台から降りたジョンは，右手の親指・人差し指・中指で，鼻の付け根をはさむようにして目頭を押さえる．

— *Something for Joey* —

usage 使われ方

使用頻度	性別	年齢	親密度	上下関係	品位	ことばとの関係
△	F>M	C>A	—	—	N	G/G+S

M:MALE F:FEMALE A:ADULT C:CHILD H:HIGH L:LOW N:NORMAL
C:CASUAL G:GESTURE S:SPEECH

> 子供はよく泣きますが,大人は人前ではあまり泣きません.女性は泣くこともありますが,男性はめったに泣きません.ことばを伴う場合・声を上げて泣く場合・声を立てずに涙を流す場合などがあります.

comparison 日本人との比較

日本人も同様のしぐさを使います(cf.J-21,J-22).日米ともに,男性は人前であまり涙を見せるのはよしとされないようです.

EYE

A-16. KNITTED EYEBROWS
眉寄せ

action 動作

眉を寄せる．眉間に縦じわが入ることもある．

meaning 意味

①心配．困惑．
* 子供が遠くに遊びに行ってしまい夕方になっても帰ってこないときとか，会社が倒産しそうなときなど，あらゆる心配に対して使える．

②怒り．
* 夫の帰りが毎晩遅いときや，兄弟げんかをするときなど．

③強調．
* よいことを強調する場合と，悪いことを強調する場合がある．really, very, so などのことばのところで，この眉の動きを使ってさらに強調する．

❏ "She is the *cutest* baby."
「彼女は超かわいい赤ちゃんだ」

❏ 恋人とけんか中のスティーブが，恋人の友人の女の子と話をしている．女の子は，スティーブの彼女がすっごくかっこいい男の子といっしょにいたのを見たと言い，「すっごく」のところで眉を寄せる．

Girl: "She was with a *really* cute guy."

女の子：「彼女，すっごくかっこいい男の子といっしょにいたわよ」

— *American Graffiti* —

usage 使われ方

意味①, ②

使用頻度	性別	年齢	親密度	上下関係	品位	ことばとの関係
◎	MF	AC	—	—	N	G>G+S

意味③

使用頻度	性別	年齢	親密度	上下関係	品位	ことばとの関係
◎	F>M	AC	—	—	N	G+S

M:MALE F:FEMALE A:ADULT C:CHILD H:HIGH L:LOW N:NORMAL
C:CASUAL G:GESTURE S:SPEECH

> 大変よく使う表情です．①と②の意味では男女とも使いますが，③の意味では女性のほうがよく使います．大人も子供も使います．意味①②は，相手がいる場合はことばを伴うことも多いのですが，自分ひとりで考え込んでいるような場合には動作のみでも使います．意味③は，強調する語とともに使われます．

comparison 日本人との比較

「眉をくもらせる」「眉をひそめる」という表現があるように，日本人も心配や困惑を表すのに使う表情です．世界各地でもこの「眉寄せ」は，深刻な心配事を表します．

EYEBROW

A-17. LIFTING TWO FINGERS
二本指立て

action 動作

人差し指と中指の2本を立て，他の指は軽く握る．動作自体は「Vサイン」と同じ．ただし，Vサインのように両手で行うことはない．手は，2本指が見えるようであれば，いずれの向きでもよい．

meaning 意味

数字の2（2本，2人，2つ…）

❏ キッチンで両親と息子が話をしている．父親が話の途中で指を2本出す．

Father: "When the doctor first told us Joey had leukemia, he said we had *two choices*…"

父親：「最初に医者が，ジョーイが白血病だと言ったとき，私たちには選択肢が2つあると言っていた」

— *Something for Joey* —

usage 使われ方

使用頻度	性別	年齢	親密度	上下関係	品位	ことばとの関係
○	MF	AC	—	—	N	G/G+S

M:MALE F:FEMALE A:ADULT C:CHILD H:HIGH L:LOW N:NORMAL
C:CASUAL G:GESTURE S:SPEECH

日常使う動作です．男女とも大人も子供も使います．特に親密度や形式度による制約はありません．ことばを伴う場合は，two, two persons, two books, のように，"two" を含む表現とともに用いられるのが通常です．声の届かない距離では，動作のみで用いられます．

comparison 日本人との比較

日本人も同様の使い方をします．たとえばレストランなどで「何名様ですか」と問われたときに，2本の指を出して2名であることを示します．

✌異文化スケッチ✎

<ドイツ/ハンミュンデンにて・指文字（1）>
ドイツ北部のハンミュンデンという小さな街は，戦災から守り抜かれた木骨組みの美しい街並みが，街の人々の努力で今でもそのまま残っています．この街では英語が通じないので，靴屋で買い物をしようとした時に指文字で靴のサイズを示してみました．30という靴のサイズを表すのに筆者は人差し指と中指と薬指で3を示し，そのあとでOKサインのようにして0を示し，これで完璧に通じると思っていました．ところが，靴屋のおばさんはしばらく考えてから親指と人差し指と中指を出して3かと確認してきました．指文字の3の表し方が違ったのです．

A-18. CROSSED FINGERS
指十字

action 動作

チョキの手の形をした中指を，人差し指にかぶせるようにする動作．相手には，手のひらと甲のいずれを向けてもかまわない．また，両手でも片手でも行うが，両手のほうが意味が強調される．

＊人差し指と中指をクロスするというのは，十字架の形を表している．十字架の力で悪いことが起こるのを防ごうとするところから来た，キリスト教に由来する動作．

meaning 意味

①幸運を祈るまじない．

❏ Boy: "*I hope I do well on the test.*"
　Girl: "*Good luck!*"

　少年：「試験，うまくいくといいんだけど」
　少女：「がんばって！」

❏ アイスホッケーの試合がまさに始まろうとしている．リンクに立つ恋人と目が合った彼女は，彼に向かって指十字をした両手を高く上げる．

— *Yesterday* —

②うその取り消しのまじない

＊相手の問いに対して悪意のないうそ(white lie)をつくとき，相手に見えないように背中で指十字をすれば，うそをつかなかったことになる．

usage 使われ方

意味①

使用頻度	性別	年齢	親密度	上下関係	品位	ことばとの関係
○	MF	AC	H	—	C	G/G+S

意味②

使用頻度	性別	年齢	親密度	上下関係	品位	ことばとの関係
○	MF	C	H	—	C	G/G+S

M:MALE F:FEMALE A:ADULT C:CHILD H:HIGH L:LOW N:NORMAL
C:CASUAL G:GESTURE S:SPEECH

> 男女とも大人も子供も，日常使う動作です．②の意味では子どもが使います．親しい間柄で使われることが多い動作です．多くはことばとともに使われますが，離れた距離では動作だけでも使います．

comparison 日本人との比較

キリスト教に由来する動作であり，元来日本人は使いません．ヨーロッパでは，イギリスやスカンジナビアで「幸運が来ますように」という意味で使われます．また，広範囲で「友情」も意味します．

A-19. OKAY SIGN
ＯＫサイン

action 動作

親指と人差し指で輪を作り，他の3本の指を軽く伸ばす．手のひらを相手側に向け，身体の少し前方で，肩の高さに構える．

meaning 意味

①成功．うまくいった．

❏ 未成年のテリーが，酒屋に入ろうとしている酔っ払いの男性に，お酒を買ってきてくれるように頼み，承諾を得る．少し離れたところで待っている友人のキャロルにＯＫサインを出して「うまくいったよ」と無言で伝える．
— *American Graffiti* —

②承諾．

❏ 「今晩，いっしょにパーティーに行ける？」と聞かれてＯＫサインを出し，この誘いに同意したことを示す．

③ゼロ．無し．

❏ スポーツ選手が昨年の試合の勝利数を聞かれてこの動作をし，「ゼロ」の意味を示す．

usage 使われ方

使用頻度	性別	年齢	親密度	上下関係	品位	ことばとの関係
○	MF	AC	H>L	—	C	G/G+S

M:MALE F:FEMALE A:ADULT C:CHILD H:HIGH L:LOW N:NORMAL
C:CASUAL G:GESTURE S:SPEECH

> 日常的に使う動作です．男女とも大人も子供も使います．多くの場合，親しい間柄の人に使うくだけた動作ですが，それほど親しくなくても使うことはあります．動作だけでも使いますが，声の届く範囲ではことばを伴うこともあります．

comparison 日本人との比較

「OK」の意味は，日本(cf.J-24)でも使われます．「ゼロ」の意味はフランスやベルギーで特徴的に見られます．日本人は，「OK」の他に「お金」の意味でも使いますが，そのときは少し低い位置に構えたり，手のひらを上に向けます．アメリカ人が「お金」を表すときは，親指と他の指の指先をこすり合わせます．

A-20. THUMBS DOWN
親指下げ

action 動作

親指を下に向け，2〜3回上下にゆっくり動かすか，動かさずにそのままにする．片手でも両手でもするが，両手のほうが意味が強まる．

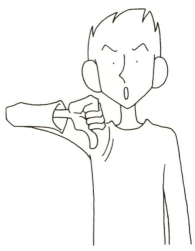

meaning 意味

①失敗.

- フットボールの試合終了後に，「試合はどうした？」と聞かれてこの動作をし，「負けた」という意味を示す．

②否定の返事.

- 「宿題はあとでするから，先に遊びに行ってもいい？」との子供の問いに，母親がこの動作をして，"No."という意味を示す．

③否定的評価.

- アイスホッケーの敵チームの1人がペナルティーをおかして，ペナルティー・ボックスに入れられた．観客がその選手に対し「ほら，入れられた」と言わんばかりに，この動作をしてあざける．

— Yesterday —

usage 使われ方

使用頻度	性別	年齢	親密度	上下関係	品位	ことばとの関係
○	MF	AC	—	—	C	G>G+S

M:MALE F:FEMALE A:ADULT C:CHILD H:HIGH L:LOW N:NORMAL
C:CASUAL G:GESTURE S:SPEECH

日常使う動作です．大人も子供も使います．少し離れた地点からの合図として，動作だけで使われることも多いのですが，相手と話をしながら使うこともあります．

comparison 日本人との比較

日本人が伝統的に使ってきた動作ではありませんが，海外のスポーツの試合の映像を手軽に見られるようになってきたため，まねをして使う人がいます．否定の意味で世界でも広く使われていますが，起源は，古代ローマ時代に円形闘技場で負けた剣闘士を刺す慣習に遡ります．

異文化スケッチ

<ドイツ/ハンミュンデンにて・指文字（2）>
靴屋のおばさんとの指文字の話は，数字の3の表し方の違いだけに留まりませんでした．靴のサイズの31を出してもらおうと，ドイツ語のできない筆者は，また指文字を使いました．3はすでに学習したので親指と人差し指と中指を使い，1を表すために人差し指を1本出しました．ところが，この1がまたすぐには通じなかったようです．おばさんは少し考えたあとで，親指を1本立てて確認してきました．つまり，この地域では1の指文字は人差し指ではなく，親指で表すのだと考えられます．

A-21. THUMBS UP
親指上げ

action 動作
親指を立てて上に向け，他の指を軽く握る．

meaning 意味

①成功．

- ❏ 「試験どうだった？」という問いに対して，親指を立てて「うまくいった」という意味を示す．

- ❏ 「彼女と最近どう？」との問いに対して，親指を立てて「うまくいっている」という返事をする．この場合，OKAY SIGN(A-19)も使えるが，「親指立て」のほうが答えに対する自信が込められており，強い意味を伝えることができる．

②承知した．

- ❏ 「明日2時までに出来上がる？」との問いに対して，親指を立てて「承知した」と答える．

usage 使われ方

使用頻度	性別	年齢	親密度	上下関係	品位	ことばとの関係
△	MF	AC	—	—	C	G>G+S

M:MALE F:FEMALE A:ADULT C:CHILD H:HIGH L:LOW N:NORMAL
C:CASUAL G:GESTURE S:SPEECH

> 時々使う動作です．男女とも大人も子供も使います．少し離れた地点からの合図として，動作だけで使われることも多いのですが，相手と会話をする距離で話をしながら使うこともあります．

comparison 日本人との比較

日本人がこの動作をすると「男性」を意味しますが，最近では，若者を中心に「バッチリ」「グー」「まかせて」などの意味でも使われるようになりました．「承知した」という意味は世界でも広範囲に使われます．

A-22. SHAKING INDEX FINGER
指振り

action 動作

人差し指を相手に向け，2〜3回上下にかなり速く振る．上から下へと1回だけ振る場合もある．ことばとともに用いることが多く，特に強調するところでは指の振り方が大きくなる．

meaning 意味

①注意する．叱る．
＊親が子供を叱るときや，人に注意するときによく使われる．

❏ ジョーイが野球チームをやめたいとわがままを言って父親に叱られる．父親はジョーイを机に腰かけさせ，人差し指でジョーイの胸のあたりを指差し，数回上下に振りながら話をする．

Joey: "I'm going to quit the team."
Father: "Okay, Johnny's going to want to know why you quit."

ジョーイ：「ぼくはチームをやめるんだ」
父親：「分かったけど，ジョニーはなぜやめたかを聞くよ」

— *Something for Joey* —

②警告．相手への挑戦．威嚇．
＊①の「注意する」よりはかなり強い意味になる．

❏ 大人の男性同士がけんかをして，周りの人たちが2人をそれぞれつかまえて殴り合いにならないようにする．それでは収まらない当人たちは，相手を殴れないのでお互いを指差して上下に振りながら「覚えておけ」とか「今度やったら承知しないぞ」などというように脅かす．

③説明の強調.
＊人に教えたり，説明を強調したりするとき.

❏病院で医者と家族がジョーイのことについて話をしている．兄のジョンの質問に，医師は人差し指を立てながら説明する.

John: "You said you weren't sure. He might come out of it."
Doctor: *"I said that I couldn't swear that he won't."*

ジョン：「先生は，はっきりしないとおっしゃいましたよね．ひょっとしたら，彼の意識が戻るかもしれない」
医師：「私が言ったのは，意識が戻らないとは断言できないということです」

— *Something for Joey* —

❏リーダーのスティーブが，もう1人の男の子に車のことについて教えている．話をしながら右手の人差し指を上下に1回振る.

Steve: "First of all, only *30-weight oil...*"

スティーブ：「まず初めに…，30ウェイトのオイル…」

— *American Graffiti* —

④忠告や助言の強調.

❏ロビンソン氏がベンと話をしている．彼は，左手の人差し指を立てて4～5回上下に振りながら，ベンにアドバイスをする.

Mr. Robinson: "I *think you ought to be taking it a little* easier than you seem to be."

ロビンソン氏：「ぼくの考えでは，君はもう少し気楽に構えたほうがいいと思うよ」

— *The Graduate* —

⑤思いつき.
＊急に何かを思い出したり，思いついたりしたとき.

❏"*I've got it*!"

「あっ，分かった！」

❏ジョンが軽食をとっていると，弟のジョーイが来て話をする．話をしながらジョーイはよい考えを思いついて，人差し指で兄の方を指し，数回上下に振る.

Joey: "Hey! *I know what*!"
ジョーイ：「あっ，いいこと思いついた！」

— *Something for Joey* —

usage 使われ方

意味①，③，④，⑤

使用頻度	性 別	年 齢	親密度	上下関係	品 位	ことばとの関係
○	MF	A→C	H	H→L	C	G+S＞G

意味②

使用頻度	性 別	年 齢	親密度	上下関係	品 位	ことばとの関係
△	M	C→A×	－	H→L	C	G+S＞G

M:MALE F:FEMALE A:ADULT C:CHILD H:HIGH L:LOW N:NORMAL
C:CASUAL G:GESTURE S:SPEECH

日常使われる動作です．男女とも使います．大人も子供も使いますが，多くは大人から子供に対して，地位の高い者から低い者に対して，力関係の強いものから弱いものに対して使われる動作です．ただし，親子・兄弟など家族間では上下関係なしで使われることもあります．子供は，子供同士では使いますが，家族以外の大人に対しては使うべきではありません．意味②以外は，比較的親しい間柄で使われるくだけた動作です．ことばを強調するために，ことばとともに使われる場合がほとんどですが，教会など声を出せない状況で子供を叱ったり注意したりするようなとき（意味：①）には，動作だけで使います．

comparison 日本人との比較

相手に説教をしたり忠告をしたりするときに，日本人も使う動作です(cf.J-27)．何か思いついたとき（意味⑤）には，指を鳴らしたり手を１回打ったりするのと同様に，この動作も使います．声を出せない状況で子供に「そんなことをしてはだめ」と言うときには，この動作ではなく，顔をしかめて首を左右に振る動作を使うほうが多いでしょう．指を振り下ろしたり指を左右に振ると，「だめ！」という「穏やかな叱責」のニュアンスになります．

指
FINGER

195

A-23. POINTING INDEX FINGER
指差し

action 動作

人差し指で相手や目的の物を指し示す．通常は手を横向きにするが，手の甲を上にすることもある．

meaning 意味

①特定の相手を指し示す．

①-1) 相手を確認する．名指しする．

❏ カートがラジオの放送局に入ってきて，そこにいた男性を指差し，相手の名前を確認しようとする．ここでは，手を横向きにしている．

Kurt: "*Are you the Wolfman?*"

カート：「あなたがあのウルフマンですか？」

— *American Graffiti* —

❏ 軍の隊員募集のポスターで，軍人がこちらを指差して "I want you." と言っている．この場合は，手の甲が上になっている．

— *Yesterday* —

①-2) 特定の人を注意する，叱る．

❏ 教室で，教師が騒いでいる生徒を指差して，「君，静かにしたまえ！」と注意する．

①-3) 相手への挑戦．威嚇．

❏ ドライブインにいた若者（デビーの前の彼氏）が，デビーとテリーが乗っている車に顔をつっこんできて，テリーを指差して言う．

Guy: "*Look, creep, do you want a knuckle sandwich?*"

若者：「おい！おまえ，ぶんなぐられたいのか？」.

— *American Graffiti* —

①-4)特定の人に命令する.

❑ ジョンとキャロルの乗っている車に，他の車から水入り風船が投げつけられる. このいたずらに怒ったキャロルが，年上のジョンを人差し指で指して命令する.

Carol: "*Just do what I say!*"

キャロル：「言うとおりにして！」

— *American Graffiti* —

②場所や物を指し示して説明する.

＊道を聞かれたときに，曲がるところや建物などを指差すときに使う.
＊物を説明するときに，一つ一つ指し示したり，特定の部分を指し示したりするときに使う.

usage 使われ方

意味①

使用頻度	性 別	年 齢	親密度	上下関係	品 位	ことばとの関係
◎	MF	AC	—	L→H×	L	G/G+S

意味②

使用頻度	性 別	年 齢	親密度	上下関係	品 位	ことばとの関係
◎	MF	AC	—	—	C	G/G+S

M:MALE F:FEMALE A:ADULT C:CHILD H:HIGH L:LOW N:NORMAL
C:CASUAL G:GESTURE S:SPEECH

よく使う動作です．男女とも，大人も子供も使います．②の意味では特に関係ありませんが，①の意味では，目上の人に対して使うことは失礼に当たります．親は子供に"Don't point." と言って，人を指差してはいけないと教えます．実際には子供や若者の間でも使われていますが，"rude" な動作です．相手と会話をする距離で使われます．動作だけの場合も，ことばを伴う場合もあり，ことばは "you" を伴うことが多いようです．

comparison 日本人との比較

日本人も，特定の人を指したり特定の物を指し示したりするのによく使う動作です(cf.J-28,J-29)．世界各地でも，指で「方向を示す」ことはよく使われます．「脅迫」の意味でも使われますが，これは相手に対して失礼な動作です．

異文化スケッチ

<ドイツ/ハンミュンデンにて・指文字（3）>
ドイツのハンミュンデンという小さな街では，靴屋のほかにも指文字で興味深い経験をしました．歩き回って疲れたので，コーヒースタンドに立ち寄ったのですが，ここでもドイツ語しか通じなかったので，身ぶり手ぶりで注文をすることになりました．ガラスのショーケースに入っているピザやサンドイッチを指差すところまではよかったのですが，コーヒーを1杯頼もうと人差し指を1本出したところで，問題が起きました．こちら流にしたがって親指を1本出せばよかったのですが，ついいつもの習慣で人差し指を出してしまった結果，なんとコーヒーが2杯出てきたのです．この地域では，1は親指で，2は親指と人差し指で示すのでしょう．ガラス越しに人差し指が見えたので，店員は2杯だと勘違いしたようです．

A-24. LIFTING INDEX FINGER
人差し指立て

action 動作
身体の前で，人差し指を1本立てる．
他の指は軽く握る．

meaning 意味

①**数字の1を表す．**

- ❏ レストランの入り口で「何名様ですか？」と聞かれたときに，黙って人差し指を1本出し，「1名」の意味を伝える．
- ❏ 卒業祝いのパーティーで，ベンの父親の友人が，ベンの肩に手を回し歩いている．話の途中で人差し指を1本出す．

Man: "*I just want to say one word to you.*"

男性：「私は，ひとこときみに言いたいことがあるんだ」

— *The Graduate* —

②**相手の話や行為をさえぎる．「ちょっと待って」**

- ❏ 仕事や電話の最中に，人がやって来る．人差し指を出し，「ちょっと待ってて」と合図する．
- ❏ 病院でジョーイとジョンが話をしている．ジョーイが椅子に腰かけて「ちょっと待って」と言いながら，右手の人差し指を立てる．

Joey: "*Just a minute.*"

ジョーイ：「ちょっと待って」

— *Something for Joey* —

③相手の注意をひく．「ちょっと聞いて」

❏教室で，教師が生徒たちに「来月，遠足があります」と話す．それを聞いた生徒たちは，わっと騒ぎ出す．そこで教師は，"Listen." と言って人差し指を出し，彼らの注意を自分に向ける．

*厳しい教師であれば，黙って人差し指を出しただけで生徒が静かになり，教師の話に耳を傾ける場合もある．

usage 使われ方

意味①

使用頻度	性別	年齢	親密度	上下関係	品位	ことばとの関係
◎	MF	AC	ー	ー	N	G/G+S

意味②，③

使用頻度	性別	年齢	親密度	上下関係	品位	ことばとの関係
◎	MF	AC	ー	L→H×	N	G/G+S

M:MALE F:FEMALE A:ADULT C:CHILD H:HIGH L:LOW N:NORMAL
C:CASUAL G:GESTURE S:SPEECH

> 日常よく使う動作です．男女とも大人も子供も使います．①の意味では立場の違いに関係ありませんが，②③では，目上の人に対しては使いません．動作だけの場合と，ことばを伴う場合があります．

comparison 日本人との比較

日本人も同様に使います．②の意味では，手のひらを相手に向けて，制するような動作も使います(cf.J-47)．③の意味では，手を叩くこともあります．アメリカ人がこの手を高く上げると，教室で生徒が手を挙げるときやレストランでウエイターを呼ぶときの動作になります．

A-25. THE FINGER
中指立て

action 動作

片手の中指を立て，他の指は軽く握る．その手を上下に動かす場合と，動かさない場合がある．

meaning 意味

①あざけり．

❏ アイスホッケーの試合中に，ペナルティー・ボックスに入った選手に対して，相手チームを応援する観客が罵声を浴びせる．それに対して，ペナルティー・ボックスに入った選手が，中指を立てて上に動かす．

— *Yesterday* —

❏ 大学の図書館で男子学生３人が騒いで，係りの女性に注意を受ける．３人の学生は形式的に一応謝るが，彼女が自分の席に戻っていくと，その後ろ姿に向かって中指を立て２〜３回上下に動かす．

— *Yesterday* —

❏ カウンセリングセンターの壁に「軍は君を求めている．奮い立て」と書いてあるポスターが２枚貼ってある．１枚は軍が作ったもので，ポスターの中の人物はこちらを指差し「君がほしい」を意味している．もう１枚のほうは，パロディーで，中指を立てている．

— *Yesterday* —

usage 使われ方

使用頻度	性別	年齢	親密度	上下関係	品位	ことばとの関係
△	M>F	A>C	—	L→H×	L	G/G+S

M:MALE F:FEMALE A:ADULT C:CHILD H:HIGH L:LOW N:NORMAL
C:CASUAL G:GESTURE S:SPEECH

非常に下品な動作です．日常生活ではあまり使われませんが，ホッケーなどのスポーツの試合中に選手同士がけんかをしたときや，観客席から野次がとぶような場合に使われます．通常は大人の男性が使います．子供は大人のまねをして友達を侮辱するようなときに使うことがありますが，親には使わないように言われます．非常に下品な動作なので，目上の人の前では使いません．会話をする距離で使いますが，スポーツ観戦のときには選手からかなり離れた距離でも使います．動作だけの場合と"Fuck you!"や"Up yours!"などのことばを伴う場合があります．どちらも，非常に下品なことばです．

comparison 日本人との比較

元来，日本人は使わない動作です．メディアにより，アメリカからスポーツの試合の映像が入ってくるにつれ，子供たちや若者がまねる傾向もありますが，この動作は「非常に下品な動作」であり，これを使うことにより「そのような人である」と相手に受け取られる危険性があることを認識する必要があります．世界的にも広範囲で性的侮辱を意味する動作として知られています．

A-26. DRUMMING FINGERS
イライラ指

action 動作

机の上や腰のあたりなどで，親指以外の指をいらいらと小刻みに動かしたり，同時に上下させて机などを軽く叩いたりする．片手ですることも両手ですることもある．

meaning 意味

①落ち着かない状態で，何かを考えている．

- 不良グループのリーダーが，少年をどうやっつけようかと考えながら，親指をズボンのベルト通しに引っ掛けて腰のあたりで他の指をいらいらさせている．

— *American Graffiti* —

②いらいらしている状態．
＊なかなか来ない人をいらいらしながら待っているとき．
＊試験の合否の知らせを待っているとき．

usage 使われ方

使用頻度	性別	年齢	親密度	上下関係	品位	ことばとの関係
△	MF	AC	—	L→H×	C	G

M:MALE F:FEMALE A:ADULT C:CHILD H:HIGH L:LOW N:NORMAL
C:CASUAL G:GESTURE S:SPEECH

> 時々使う程度です．男女とも大人も子供も使います．目上の人を待
> っているようなときに使うことは失礼に当たります．机の上でする
> ときは，音を立てることになるので，目上の人の前ではしません．
> 動作のみで使うことが多いです．

comparison 日本人との比較

日本人も，いくら待っても待ち人が来ないとき，インターネット検索をしていて，アクセスが遅いとき，電話で取り次いでもらった相手がなかなか出ないときなどに，机の上で指を小刻みに動かすことがあります．世界各地でも，指先で机などを叩いていらいらしていることを表します．

異文化スケッチ

<イギリス/ヨークにて・親指上げ>
ヨーク大学は街の中心からバスで１５分ほどの距離にあります．いつもは渋滞などするような道ではないのですが，今日は随分混んでいるなあと思いながら乗っていると，運転手が隣にきた観光バスの運転手と窓越しに大声で話を始めました．どうも２か所で事故があったようで，そのための渋滞のようです．路線バスの運転手は，運行の遅れを気にしてイライラしています．やっと，少し動き出したときに，観光バスの運転手が笑って片手の親指を上げ，THUMBS UP サインを出しました．

A-27. PUNCHING FIST
威嚇のこぶし

action 動作

片手でこぶしを握り，甲側を相手に向け，ひじから手先までを立てて顔の前あたりに構える．こぶしは前後に２～３回早く振る．意味②の場合はひじを少し横にして，こぶしを胸の前あたりに構える．

meaning 意味

①威嚇．
＊目の前にいる相手を威嚇するときに使う．

❏ 男の子同士のけんかで，自信のある側が「かかって来い」とこぶしを構える．

❏ けんかのあとで，勝った側が「今度，こんなことをしたら承知しないぞ」とこぶしを構える．

②怒り．
＊第三者に話をするときに使う．

❏ 職場のボスから何か注意を受けた部下が，仲間のところに戻ってきて，「あいつ，気に入らない」と言わんばかりにこの動作をしながら話す．

usage 使われ方

意味①

使用頻度	性別	年齢	親密度	上下関係	品位	ことばとの関係
△	M	AC	—	H→L	C	G/G+S

意味②

使用頻度	性別	年齢	親密度	上下関係	品位	ことばとの関係
△	M>F	AC	—	L→H×	C	G+S>G

M:MALE F:FEMALE A:ADULT C:CHILD H:HIGH L:LOW N:NORMAL
C:CASUAL G:GESTURE S:SPEECH

> 時々使う動作です．男性が使いますが，意味②の場合は女性も使うことがあります．大人も子供も使います．①は強い立場の者が弱い者に対して使います．②は，目上の人の前ではしませんが，目上の人について仲間と話すようなときには使います．くだけた動作です．ことばとともに，あるいは，動作だけで使います．

comparison 日本人との比較

日本でも若い男性が，意味①の例のような状況で使うことはあります．「脅迫」の意味では，世界各地で使うようです．

A-28. SHAKING FIST
こぶし振り

action 動作

両手,あるいは,片手のこぶしを,頭の上に上げ,数回空中を叩くようにする.また,両手を組み合わせて同様にしたり,胸の前あたりですることもある.

meaning 意味

①勝利の喜び.「やった!」「よし!」
＊スポーツなどの勝負事に勝ったときにする喜びの表現.

❏ ホッケーの選手たちが,勝ち試合のあとで,大学近くのバーに入ってくる.バーにいた学生が活躍した選手の名を呼ぶと,彼は両方のこぶしを高く上げて振る.

— *Yesterday* —

❏ フットボールの試合で,応援するチームがタッチダウンを決めたのを喜んだファンが,右手のこぶしで空中を2～3回突くように振る.

— *Yesterday* —

②応援.「がんばれ!」「それ!」
＊味方しているチームの勝利を期待して,応援するとき.

❏ 小学生が野球の試合をしている.一塁に出た選手が,次にバッターボックスに立った選手に「がんばれ」というように,両手で握りこぶしを作り,胸のあたりで激しく上下に振る.

— *Something for Joey* —

❏雪の彫刻コンクールの発表を聞いている学生のうちの2人が，自分たちの作品が入賞することを期待して，片方のこぶしを上げ空中を数回叩くようにする．

— *Yesterday* —

usage 使われ方

使用頻度	性別	年齢	親密度	上下関係	品位	ことばとの関係
△	M>F	AC	—	—	C	G/G+S

M:MALE F:FEMALE A:ADULT C:CHILD H:HIGH L:LOW N:NORMAL
C:CASUAL G:GESTURE S:SPEECH

時々使う動作です．男女とも大人も子供も使いますが，男性のほうが多く使う傾向にあります．親しい人に対しても，また面識はないがその選手のファンであるなどという場合にも使えます．動作自体が大きいこともあり，離れた距離で使うことが多くあります．多くの場合，動作のみよりも，ことばとともに使います．その場合のことばには，①では "Hurrah!" "Yeah!"，②では "Come on!" などがあります．

comparison 日本人との比較

日本のスポーツ選手も最近は，得点を決めたりいいプレーが出たりすると，ガッツポーズをする人が増えてきました．この動作もそのうちの一つとしてする選手もいます．意味①は，胸の前でこぶしと平手を打ち合わせる形で表すこともあります（cf.J-40）．世界でも，握りこぶしそのものが「力」を表し，勝利のサインとして使われるようです．

A-29. HAND ARCH
アーチ形の手

action 動作

両手の指先をそれぞれ合わせて，アーチ形を作る．人差し指，中指，薬指の3本を合わせる場合もある．椅子に腰かけ机にひじをついてする場合と，下腕を机につけてする場合がある．

meaning 意味

①熟考．真剣に考えている．
*相手にまとまった話をしたり，相談事に答えたりするときに使われる．地位のある者がそのことに対して真剣に考えていることを表す．授業中に，教師が生徒の質問に少し考えながら答えるようなときにも使う．

②慎重にことばを選ぶ．
*よくない事実を客観的に相手に話すとき．
*話しづらくて，話し出すのに時間がかかるとき．

❏息子の病状について心配している家族に対して，医師が詳しく説明する．医師はテーブルにひじをつき，両手の指を合わせてアーチ形を作る．

Doctor: "The point is that nobody can do anything for Joey..."

医師：「要するに，ジョーイのために誰も何もできないということなのです…」

— *Something for Joey* —

usage 使われ方

使用頻度	性別	年齢	親密度	上下関係	品位	ことばとの関係
△	M>F	A A→C	—	H→L	N	G/G+S

M:MALE F:FEMALE A:ADULT C:CHILD H:HIGH L:LOW N:NORMAL
C:CASUAL G:GESTURE S:SPEECH

時々使われる手の動作です．男女とも使いますが，男性のほうが多く使います．子供は使いません．親密度には関係なく使われますが，多くの場合，相手に教える立場にある人や目上の人が，同じ地位あるいは目下の者に対して使います．父親が子供に対して使うこともあります．机を間に置いて会話をするくらいの距離で使いますが，授業中のように，通常の会話の距離よりやや離れた距離でも使います．考えているときは，動作のみで使い，説明をするときは，ことばとともに使います．

comparison 日本人との比較

日本人の場合は，下腕を机に乗せて両手を組み合わせる動作のほうが多く用いられるでしょう．世界各地では，アーチ形に合わせた指先を唇につけることもあるようです．

A-30. RUBBING HANDS
もみ手

action 動作
両方の手のひらを,胸の前で2~3回軽くこするようにする.意味③の場合は,力を入れて強くこすり合わせることもある.

meaning 意味

①ほくそえむ.下心のある期待.
*たとえば,前からほしいと思っていたものが手に入ることになり,「うまくいった」と喜ぶようなときにする.下心があるようなことが多く,あまりいい意味ではない.

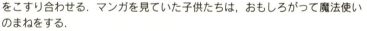

　❏テレビマンガで,魔法使いが「へっへっへ…,これで世界中がおれのものになる」と言いながら両手をこすり合わせる.マンガを見ていた子供たちは,おもしろがって魔法使いのまねをする.

②勝負事に勝ったときの満足感.うれしさ.
*負けた相手に対する配慮なしに自分だけ喜ぶ,といったニュアンスが入る.

　❏ジョンとジョーイの兄弟が2人でトランプをしている.勝負の決まったときに,勝ったほうが両手を2~3回こすり合わせる.

— Something for Joey —

③気持ちが落ち着かない.心配する.
*歩き回るなど他の動作を伴って使う.

　❏子供が生まれるのを部屋の外で待っている夫が,廊下を行ったり来たりしながら両手をこすり合わせる.

④一つのことの終わりを示す.

　❏授業が終わるときに,先生が宿題を出しながら両手をこすり合わせる.

usage 使われ方

意味①

使用頻度	性別	年齢	親密度	上下関係	品位	ことばとの関係
○	M>F	AC	—	—	L	G>G+S

意味②

使用頻度	性別	年齢	親密度	上下関係	品位	ことばとの関係
○	M>F	AC	—	—	L	G>G+S

意味③, ④

使用頻度	性別	年齢	親密度	上下関係	品位	ことばとの関係
○	M>F	A	—	—	N	G>G+S

M:MALE F:FEMALE A:ADULT C:CHILD H:HIGH L:LOW N:NORMAL
C:CASUAL G:GESTURE S:SPEECH

> 日常使う動作です．男性のほうがよく使いますが，女性も使います．意味②は大人も子供も使います．③と④は大人が使います．それほど下品な動作ではありませんが，①と②の意味で子供が使うと，母親からは叱られます．③と④の品位は「普通」です．ことばを伴うこともありますが，動作だけで使うほうが多いです．

comparison 日本人との比較

日本人が「もみ手」というと，たとえば時代劇に出てくる男性がよくないことを裏で頼んで，それがうまくいったようなときに使うといったイメージがあります．現代でも，何か下心があって期待したり，頼み事があって相手の機嫌を伺ったりするようなときに使われます(cf.J-41)．

A-31. HANDSHAKE
握手

action 動作

相手の目を見て，右手で相手の右手をしっかり握り，上下に振る．
＊視線を合わせること・しっかり握ること・右手を使うことは重要なポイントとなる．左利きの人も右手を使い，子供も必ず右手で握手するように教えられるという．相手の手を握っている時間はそれほど長くはなく，比較的長い間握っている文化圏の人から見ると，アメリカ人の握手は多少冷淡に思われることもあるという．

meaning 意味

①紹介（初対面の挨拶）．

❏イレインが，待ち合わせをしていた男性カールに，ベンを紹介する．2人は握手をする．

Elaine: "This is Benjamin Bradder. Carl Smith. Benjamin rode here with me on the bus."
Carl: "*Glad to meet you, Ben.*"

イレイン：「こちらはベンジャミン ブラッダー．こちらは，カール スミス．ベンジャミンは私といっしょにバスで来たんです」
カール：「よろしく，ベン」

— *The Graduate* —

②出会いと別れの挨拶．

❏アメリカンフットボールのコーチがジョーイに近づいてきて，左手をジョー

イの肩にかけ，右手を出して握手をする．

Coach: "*Joey, how are you doing?*"
Joey: "*Hi, coach.*"

コーチ：「ジョーイ，元気？」
ジョーイ：「こんにちは，コーチ」

— *Something for Joey* —

❏カートがラジオ局から帰るとき，ウルフマンと握手する．

Wolfman: "Hey, *it's been a pleasure.*"
Kurt: "Thanks a lot."

ウルフマン：「やあ，楽しかったよ」
カート：「ありがとうございました」

— *American Graffiti* —

③感謝．お礼．「ありがとう」

❏病院で，ジョーイの手術のために献血をしてくれた女性に，母親がお礼を言
いながら握手する．

Mother: "*Yes, we do thank you so much.*"

母親：「ほんとうに，心から感謝します」

— *Something for Joey* —

④お祝い．「おめでとう」

❏ジョンが有名な賞を取ったという知らせを聞いて，ジョンの父親の職場の同
僚たちが父親に「おめでとう」と握手をしたり，背中を軽く叩いたりする．

— *Something for Joey* —

⑤契約の成立．同意の確認．

＊この場合の握手は契約書にサインをすることで，日本人なら判を押すこと
と同じ意味．つまり，取引に合意したことの確認である．したがって，非
常に親しい間柄の場合は，この種の握手は省かれることもある．

❏車を売りたいとの新聞広告を見てやってきた客と交渉後，取引が成立する．
そして，明日何時にここに現金を持ってきて車を引き渡すと決まると，売り渡
す側が "Let's shake on the deal." や "Let's shake on it." などと言って，買
い手と握手をする．

214

usage 使われ方

意味①

使用頻度	性 別	年 齢	親密度	上下関係	品 位	ことばとの関係
◎	MF	A&A>A&C	L	L→H△	N	G+S>G

意味②，③，④

使用頻度	性 別	年 齢	親密度	上下関係	品 位	ことばとの関係
◎	M&M>M&F>F&F	A&A>A&C	―	L→H△	N	G+S>G

意味⑤

使用頻度	性 別	年 齢	親密度	上下関係	品 位	ことばとの関係
△	M&M>M&F	A&A>A&C	―	L→H△	N	G+S>G

M:MALE F:FEMALE A:ADULT C:CHILD H:HIGH L:LOW N:NORMAL
C:CASUAL G:GESTURE S:SPEECH

①～④の意味では日常よく使われます．⑤の意味はビジネス社会で
使われることが多いです．握手は男性同士の典型的な挨拶の動作で，
男性同士の使用頻度は非常に高くなります．男女間でも使われます．
女性同士は，以前はあまり使われませんでしたが，最近は初対面の
挨拶としては使われます．大人同士で使うことが多く，大人と子供
でも使われます．親しい人とでも初対面の人とでも握手をします．
以前は，地位の低い人が高い人に対して先に手を出すのは失礼だと
されましたが，最近はそれほど気にしなくなってきています．意味
②③④では，女性が手を出すまで男性は握手を求めないほうが礼儀
にかなっています．相手の人数が多い場合は，ことばが省かれるこ
ともありますが，通常は次のようなことばを伴います．
意味① "Nice to meet you." "How do you do?"
意味② "How are you?" "It's been a pleasure."
意味③ "Thank you. " "Thanks."
意味④ "Congratulations!"
意味⑤ "Let's shake on the deal." "Let's shake on it."

comparison 日本人との比較

日本人の挨拶の身ぶりの典型は、お辞儀です．挨拶のときに握手をすることもありますが、使う状況は限られています．たとえば、相手が欧米人であるとき、選挙の候補者と有権者、舞台での俳優や歌手と観客などです．世界各地では、「出会いと別れの挨拶」として、通常の右手を上下に振る形、上下に振る右手に左手を添える形、また、右手の握手に加えて左手で相手の腕をつかむ形などがあります．

✌異文化スケッチ✎

＜イギリス/ヨークにて・出会いの挨拶（1）＞
ヨーク駅の中には待ち合わせ用のこぢんまりした喫茶店があります．そこでコーヒーを飲んでいると、隣の丸テーブルに待ち合わせらしい中年の女性が来て紅茶を飲み始めました．しばらくして相手の中年女性がやってくると、待っていた女性は席から立ち上がり、笑顔で相手を迎え、お互いに軽く腕を回しあって抱き合い、頬にキスをしました．軽く"hug"（抱擁）をして頬にキスし合うのは、女性のよくする出会いの挨拶です．このとき、単に頬ずりをする場合、頬に実際にキスをする場合、そして頬にキスをするときの「チュッ」という音は立てるが実際にはキスをしない場合があります．

216

A-32. HOLDING BOTH HANDS
両手包み

action 動作

相手の両手を自分の両手で包むようにする．自分の手を下にして，相手の手を支えるように軽く握る．握ってすぐに離すのではなく，しばらくの間そのままでことばを交わしたりする．

meaning 意味

①親愛の情を表す．
* 出会いや別れの挨拶のときに使うことが多い．しばらく会わなかった人に会えたときに，相手に対する親愛の気持ちを示したり，今別れたらこんどいつまた会えるか分からない，あるいはしばらくの間会えなくなる人に対する惜別の感を表す．また，出会いや別れのとき以外にも，友人が自分のために誕生パーティーを企画してくれたのを知って喜ぶときなどにも使う．

❏ マットがしばらくぶりに自分のアパートに戻ってくると，恋人のガビーが部屋で待っている．部屋の中はすっかりきれいに模様替えしてある．驚いて見回したあとで，彼は彼女の手を取る．

Matt: *"Oh, you're too much. Gabby, I love it, I love it."*

マット：「きみって，すばらしいよ．ガビー，うーんいいね，いいね．気に入ったよ」

— *Yesterday* —

②相手を慰める
* 夫婦間や友人同士で，相手を慰めるといった場合に使う．

usage 使われ方

使用頻度	性別	年齢	親密度	上下関係	品位	ことばとの関係
△	F>M M&M×	A A→C	H	—	N	G+S

M:MALE F:FEMALE A:ADULT C:CHILD H:HIGH L:LOW N:NORMAL
C:CASUAL G:GESTURE S:SPEECH

> 時々使う動作です．男性よりも女性のほうが多く使います．女性同士や異性間では使いますが，男性同士では使いません．男性が女性に対してする場合は，プロポーズするなど，特別な意味があります．また，子供同士では使いません．大人が子供に対して使う場合には，話の内容が理解できる年齢の子供に対して使います．親密度の高い間柄で使われる動作です．感情を込めたことばとともに使います．

comparison 日本人との比較

日本人には，それほど一般的な動作ではありませんが，子供に対する親の愛情表現として使ったり，病人を見舞ったときに使うことがあります．

A-33. APPLAUSE
拍手

action 動作

両手を,一定の時間連続して打ち合わせ,拍手をする.通常は胸の前あたりでするが,試合を観戦しているときなどは,頭上で拍手をすることもある.

meaning 意味

賞賛.

- 雪の彫刻コンクールの優勝発表を聞いて,学生の1人が頭上で拍手をする.

— Yesterday —

usage 使われ方

使用頻度	性別	年齢	親密度	上下関係	品位	ことばとの関係
○	MF	AC	—	—	N	G>G+S

M:MALE F:FEMALE A:ADULT C:CHILD H:HIGH L:LOW N:NORMAL
C:CASUAL G:GESTURE S:SPEECH

- 日常生活で使う動作です．男女とも大人も子供も使います．少人数の祝いの席から，音楽会，劇場，野球場，サッカーの競技場でと，さまざまな場面で使われます．相手と話のできる距離では，賞賛や喜びのことばを伴うことも多いのですが，距離が離れているときは動作だけで使われます．

comparison 日本人との比較

拍手は日本人も通常使う動作です．試合を見ていて自分が応援しているチームが得点して興奮したときなどは，立ち上がって拍手したり，頭上で拍手したりと，通常の胸のあたりでの拍手とは違う形も使います．

異文化スケッチ

＜イギリス/ヨークにて・口笛＞
ヨークでジャズ・フェスティバルが開かれ，その催しの一つが街の大きな劇場でありました．大きな円を描くような形になっている２階のDress Circle の前の方の席からは，一階席も二階席も見渡せます．最後の曲が終わると，３人のジャズ演奏家たちに対して観客はアンコールを求めて熱狂的な拍手をおくり，大きな口笛があちこちで吹かれます．そのうち２階席の観客が立ち始め，１階席の観客も半分くらいが立ち上がって"standing ovation"（立って大喝采をすること）が沸き起こりました．

A-34. CLAPPING HANDS
手叩き

action 動作
胸の前あたりで，1回，あるいは2〜3回手を叩く．

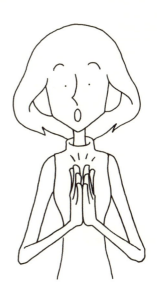

meaning 意味

①何か急に思い出す．思いつく．

*しなくてはいけないことを忘れていて，急に思い出したようなとき．

❑ 旅行の荷物をつめていて，「あっ，傘を忘れていた！」と言いながら1回手を叩く．

❑ お茶菓子がないかと探していて，「あっ，きょうはおいしいクッキーがあったんだわ」と1回手を叩く．

②ものごとを始める合図．

❑ ハイキングに行くメンバーが集まったところで，1回手を叩いて，「さあ，行こう！」と言う．

③よし，うまくいった！

❑ 未成年で酒類は買えないテリーが，通りがかりの男性にウイスキーを買ってきてくれるように頼む．引き受けてくれたので「やった！」と言って両手を1回打ち合わせる．

Terry: "*Great!*"

テリー：「やったぜ！」

— *American Graffiti* —

④相手の注意を喚起する.

❏教室で生徒が騒がしいときに, 教師が2〜3回手を叩いて, "Be quiet!"(静かに)と言う.

usage 使われ方

使用頻度	性別	年齢	親密度	上下関係	品位	ことばとの関係
○	MF	AC	—	—	N	G/G+S

M:MALE F:FEMALE A:ADULT C:CHILD H:HIGH L:LOW N:NORMAL
C:CASUAL G:GESTURE S:SPEECH

> 日常使われる動作です. 男女とも大人も子供も使います. 通常は会話をする距離で使いますが, 教室などでは少し離れた距離でも使います. ことばを伴う場合と, 動作のみの場合があります.

comparison 日本人との比較

日本人も同様の意味で使います. また, 相手の言ったことが受けたときに, 「そいつはいいや!」「すっごく笑える」などの意味でも使います.

A-35. BECKON
手招き

action 動作

片手を前に伸ばし,手のひらを上に向けて軽く開き,親指以外の4本の指を自分のほうに2〜3回招くように動かす.

*通常は片手でするが,まれに意味を強調したいときや,大勢を対象とするときには両手ですることもある.また,人差し指1本ですることもある.相手が遠くにいる場合には,前に伸ばした片手で,大きく弧を描くようにして招くこともある.

meaning 意味

こっちにいらっしゃい.

❑ マットのアパートに祖父のバートが訪ねてくる.マットは手を1回叩いてから,手のひらを上にして2〜3回手招きをして祖父を招き入れる.

Bart: "Waiting to be invited in."
Matt: "Oh, yeah, come on in, *come on in*."

バート:「入れてくれるのを待っていたんだ」
マット:「あー.まあ入って,入って」

— *Yesterday* —

❑ 母親が息子のジョンと電話で話している.ジョンが父親のことを尋ねたので,彼女は近くにいる父親を左手の人差し指で手招きして呼ぶ.

— *Something for Joey* —

usage 使われ方

使用頻度	性別	年齢	親密度	上下関係	品位	ことばとの関係
◎	MF	AC	—	L→H×	C	G/G+S

M:MALE F:FEMALE A:ADULT C:CHILD H:HIGH L:LOW N:NORMAL
C:CASUAL G:GESTURE S:SPEECH

> 日常よく使われる動作です．男女とも大人も子供も使います．親密度は特に関係しませんが，目上の人に対しては使いません．会話をする距離から，かなり離れた距離まで使えます．同じ "come" という意味を持つ HEAD TILT (A-43) よりも，離れた距離で使えます．"Come here." などのことばを伴うこともありますが，距離が離れているときや静かにしなければいけない所では，動作のみで使います．

comparison 日本人との比較

日本人の手招きは，「招き猫」に象徴されるように，手のひらを下にし，顔の前や頭の上で招きます．アメリカ人をこの日本式手招きで呼んでも理解してはもらえず，"Bye-bye" と間違えて，行ってしまったりすることになります．これはDISMISSIVE WAVE (A-38)と混同されるためです．日本式の「手のひらを下に向ける手招き」は，スペイン・ポルトガル・イタリア・ギリシャなどの南ヨーロッパで広く使われ，アメリカ式の「手のひらを上に向ける手招き」は，イギリス・ベルギー・フランス・スウェーデンなどの北ヨーロッパでよく使われるようです．

A-36. WAVE
片手振り

action 動作

片手を，顔の横あるいは頭の上に上げ，手のひらは相手のほうに向けて，左右に数回振る．片手を上げるだけで振らない場合もある．日本人の手招きのように，手の先を上下に振ることもあるが，この場合は"Bye-bye"の意味だけになる．意味③の場合は，手のひらを広げ相手側に向けて，左右に数回振る．両手ですることもある．

meaning 意味

①出会いと別れの挨拶．

❏ ドライブインに立ち寄ったスティーブが，友人のウエイトレスに気づいて，手を頭の高さに上げて振る．

Waitress: "Oh, hi, Steve."
Steve: "*Hey*."

ウエイトレス：「あら，ハーイ，スティーブ」
スティーブ：「やあ」

— *American Graffiti* —

❏ キャロルがジョンに家まで送ってもらう．彼女は家の前で振り向いて右手を高く上げ，彼に手を振る．

— *American Graffiti* —

②相手の注意をひく，相手に合図をする．

❏ 混んでいる待ち合わせ場所で，相手を見つけたときに「ここにいるよ」と手を振って合図する．

❏ 店の前にいるテリーが，車の中にいる彼女に左手を高く上げて合図をし，そのあとで，「うまくいったよ」というサインを送る．

— *American Graffiti* —

③否定．

❏ 未成年のテリーは，見知らぬ男性にウイスキーを買ってくれるように頼む．ところが彼がワインを手にしているのを見て，店の外から「違う，違う」と右手を左右に何度も振る．

Terry: "Hey, psst, *no, not wine.*"

テリー：「おい，ちょっと，ワインじゃないんだよ」

— *American Graffiti* —

usage 使われ方

意味①，②

使用頻度	性 別	年 齢	親密度	上下関係	品 位	ことばとの関係
◎	**MF**	**AC**	—	—	**N**	**G/G+S**

意味③

使用頻度	性 別	年 齢	親密度	上下関係	品 位	ことばとの関係
△	**MF**	**AC**	—	—	**N**	**G/G+S**

M:MALE F:FEMALE A:ADULT C:CHILD H:HIGH L:LOW N:NORMAL
C:CASUAL G:GESTURE S:SPEECH

①と②の意味では，日常よく使う動作ですが，③の否定の意味ではあまり使いません．否定の意味ではHEAD SHAKE（A-42）のほうがよく使われます．男女とも大人も子供も使う日常の動作です．振っている手が見えれば，離れた距離でも使います．動作のみの場合と，ことばを伴う場合があります．伴うことばの例としては，次のようなものがあります．
1．"Hi!"　（出会いの挨拶のとき）
2．"Bye!"　（別れの挨拶のとき）
3．"Hey!"　（相手の注意をひくとき）

comparison 日本人との比較

①と②の意味では日本人もよく使います．（cf.J-44）．③の否定の意味を表すとき，日本人は「片手を左右に振る」「頭を左右に振る」「片手と頭を同時に左右に振る」などの動作を使います．

日本人が否定の意味で「手を振る」場合は，アメリカ式に相手に手のひらを向ける場合(cf.J-33)と，胸のあたりで，身体の正面に対して手を縦にし左右に振る場合があります．前者は，世界の広い範囲で使われていますが，後者はアメリカ人には通じません．

A-37. "STOP" HAND
止め手

action 動作

片手，あるいは，両手の手のひらを
相手側に向けて胸の前のほうに出し，
その位置でしばらく止める．

meaning 意味

止まれ，待って，ここまで．

* 相手や自分の行為や話をいったん
　止める．

❑ カートが妹のローリーを見つけて
　追いかけて行く．道の真ん中で車
　に向かって片手を出し，こっちに
　来ないようにと合図する．
　　　　　　　　— *American Graffiti* —

❑ ラジオ局でカートとウルフマンが
　話をしている．ウルフマンが話の途中で，「ちょっと待って」と言いながら，
　両方の手のひらをカートに向ける．

Wolfman: "*Wait a minute.*"

ウルフマン：「ちょっと待って」

— *American Graffiti* —

usage 使われ方

使用頻度	性別	年齢	親密度	上下関係	品位	ことばとの関係
○	M>F	AC	—	L→H×	C	G/G+S

M:MALE F:FEMALE A:ADULT C:CHILD H:HIGH L:LOW N:NORMAL
C:CASUAL G:GESTURE S:SPEECH

> 日常的に使う動作です．男女ともに使いますが，男性のほうが多く使う傾向にあります．大人も子供も使います．目上の人に対しては使いません．会話をする距離で，"Wait a minute." "Stop." などのことばを伴う場合と，少し離れた距離から動作のみで使う場合があります．

comparison 日本人との比較

日本人もよく使う動作です(cf.J-47)．「とどまって」という意味で世界各地で使われますが，ギリシャではこの動作が「侮辱」を意味する動作に酷似しているため使われないようです．

A-38. DISMISSIVE WAVE
拒否手振り

action 動作

片手を胸の前から上の方向に上げるようにする．そのとき，手先は手前から外側に2～3回掃き出すようになる．

meaning 意味

向こうに行って．

❑ テリーは未成年でウイスキーを買うことができないので，酒屋に入ろうとした男性に買ってきてくれるように頼む．承諾してくれたので，酒屋の前で待っていると店から別の男性が出て来る．テリーはその人に「あっちへ行って」というように，左手を上げて，手先を上下に2回ほど振る．

— *American Graffiti* —

usage 使われ方

使用頻度	性別	年齢	親密度	上下関係	品位	ことばとの関係
△	MF	C>A	—	L→H×	C	G/G+S

M:MALE F:FEMALE A:ADULT C:CHILD H:HIGH L:LOW N:NORMAL
C:CASUAL G:GESTURE S:SPEECH

時々使う動作です．大人も子供も使いますが，とくに子供はよく使います．目上の人には使いません．動作だけの場合と，ことばを伴う場合があります．

comparison 日本人との比較

日本人も「ほら，今忙しいからあっちへ行っててよ」というときや，「こっちに来ないで」というときなどに使います(cf.J-48)．日本人は，この動作と，日本人式の「手招き」を簡単に見分けられますが，アメリカ人は日本人式の「手招き」を，この DISMISSIVE WAVE あるいは，"Bye-bye" の意味の WAVE (A-36)と混同しがちです．

--- 異文化スケッチ ---

＜イギリス/ヨークにて・乗る合図＞
街まで行くバスの停留所は，場所によって，雨よけの屋根がついていたり，単に柱が立っていて停留所の名称が書かれた看板がついていたり，道路にバス停と記してあるだけで何もないところなど，いろいろです．待っている人々は，バスが近づいてくるとそのまま立っている人もいますが，中には，乗る合図を運転手に送る人もいます．この合図の出し方は片手を上に上げるのではなく，バスの方に向かって，肩の高さまで真横に片手を出したり，少し下げて手先が腰のあたりにくるように出します．

A-39. KNOCK
ノック

action 動作

手を軽く握り，手のひら側をドアや机などのほうに向け，握ったこぶしの内側のところで，小刻みに２〜３回叩く．３回以上叩くこともある．また，手の甲側で叩くこともある．

meaning 意味

①自分の存在を知らせ，相手を呼ぶ．
＊急用の場合には，連続して少し強く叩く．

❏ ジョーイの妹が，浴室にいるジョーイを呼ぶために，小刻みに５回ドアをノックする．その後，３回同じように叩く．

— *Something for Joey* —

②相手の注意を喚起する．

❏ 教室で生徒がうるさくしていると，先生が机の上を叩いて注意を喚起する．

usage 使われ方

使用頻度	性別	年齢	親密度	上下関係	品位	ことばとの関係
◎	MF	AC	—	—	N	G>G+S

M:MALE F:FEMALE A:ADULT C:CHILD H:HIGH L:LOW N:NORMAL
C:CASUAL G:GESTURE S:SPEECH

よく使われる動作です．男女とも，大人も子供も使います．ドアが閉まっているときには，親しい間柄でもノックをするのが礼儀です．ノックをしない場合は，声を出して相手を呼びます．多くは動作だけで使いますが，相手の名前を呼ぶなど，ことばを伴うこともあります．

comparison 日本人との比較

日本人も日常よく使う動作です．ただ，日本人の場合は，軽く握った手の甲側で2回ほど叩くのが普通です．その際，手首を使ってノックするので，「コンコン」というノックの音の間隔は，アメリカ人のノックの音よりも多少あきます．ノックの回数で，ドアの向こう側にいるのが日本人かアメリカ人か分かると言われますが，これはむしろ回数ではなく，音の間隔の違いで分かるということのようです．

A-40. WIGGLING FINGERS ON HEAD
とさか指

action 動作

片手を広げ，手のひら側を正面に向けるようにする．その手首をニワトリのとさかのように頭の上につけ，指先を波のように2～3回動かす．その際，人をからかったり，あざけったりするときの音を出す．

meaning 意味

侮辱，からかい．

*ふざけて軽い調子で相手をからかったりばかにしたりする．怒っているようなときにもする．

□図書館で，大声をあげたり物音を立てたりして，ふざけていた男子学生3人が，係の人に退出を命じられる．3人ともホッケーのスティックを担ぎふざけながら出て行くが，その中の1人が立ち止まって頭の上でこの動作をする．

*この例では大学生が使っているが，通常は小学生程度の子供がする動作である．

— *Yesterday* —

usage 使われ方

使用頻度	性別	年齢	親密度	上下関係	品位	ことばとの関係
△	MF	C>A C→A×	H	—	L	G

M:MALE F:FEMALE A:ADULT C:CHILD H:HIGH L:LOW N:NORMAL
C:CASUAL G:GESTURE S:SPEECH

下品な動作で，小学生程度の子供が時々する動作です．大人は，子供のまねをして使うことがある程度です．子供同士で使うのが通常で，子供が親に対してすると叱られます．どちらかと言うと，親しい間柄で使います．弱い立場の者が強い立場の者に対して，少し冗談でからかうようなときに使います．動作のみの場合と，"nyah nyah nyah" などのあざけりの音を伴う場合があります．

comparison 日本人との比較

日本人はしない動作です．日本人の子供が相手をからかうときに使うのは，「あっかんべえ」と言って舌を出すのといっしょに赤目を見せる動作(cf.J-73)でしょう．両耳のあたりに親指をつけて，手をひらひらさせるような動作も使われます．この他に，アメリカでよく使われるからかいの動作としては，鼻の上に片手や両手をのせてひらひらさせる動作があります．

A-41. HEAD IN HANDS
頭抱え

action 動作

両手で，頭の両側あるいは額のあたりを抱えるようにする．机に両ひじをついてするときが多いが，立った姿勢でもする．

meaning 意味

心配，絶望的．

＊会社が倒産しそうだなどというときのように，かなり深刻な場合．

❏ 恋人同士が，深刻な顔をしてマットのアパートで話をしている．話の途中で，彼が両手で髪をかきあげるようにしながら頭を抱え，そのあと，両手の指の間を広げて頭から離す．

Matt: "*I made a mess out of everything... Everything was so beautiful before. We had everything going for us. Why did I have to ruin it?*"

マット：「何もかも，台無しにしてしまった…すべて，前はすばらしかったのに．何もかもうまくいっていたのに．何でめちゃめちゃにしちゃったんだろう」

— *Yesterday* —

usage 使われ方

使用頻度	性別	年齢	親密度	上下関係	品位	ことばとの関係
○	MF	A>C	—	—	N	G/G+S

M:MALE F:FEMALE A:ADULT C:CHILD H:HIGH L:LOW N:NORMAL
C:CASUAL G:GESTURE S:SPEECH

- 日常使われる動作です．男女ともに使い，大人が使うことの多い動作です．1人で考え込むような場合にも使います．動作のみでも，話しながらでも使います．

comparison 日本人との比較

日本人も絶望的になったときや，かなり深刻に悩んでいるときなどに，机に両ひじをつき，両手を顔に当てて頭を抱える動作をします(cf.J-52)．

A-42. HEAD SHAKE
首振り

action 動作

首を左右に振る。首を振る回数は，1回の場合，2～3回の場合，数回繰り返し振る場合がある．強調するときは，首を強く振るか，早く振る．

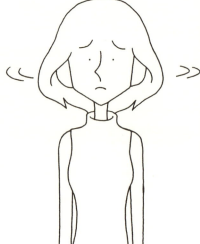

meaning 意味

①否定．

❏ テリーが車の中から外を歩いているデビーに誘いをかける．彼女は黙って歩き続けながら，首を何回か横に振る．

— *American Graffiti* —

❏ ベンがイレインに，自分が彼女の母親と関係を持ったことを話す．彼は，驚き取り乱す彼女に「泣かないで」と言いながら，首を何回か横に振る．

Elaine: "Oh, no. Oh, my god. Get out of here."
Ben: "*Don't cry.*" .

イレイン：「もう，なんていうことを．あっちへ行って」
ベン：「泣かないで」

— *The Graduate* —

②否定的評価．
＊その事を認めていない．賛成できない．

❏ ベンの下宿にイレインが訪ねて来て，母親との関係を問いただす．イレインは首を何度も左右にゆっくり振りながら話をする．

Elaine: "*How could you do that, Benjamin? You just hate everything. How could you possibly rape my mother? I don't understand, I just don't understand how you...*"

イレイン： 「なんでそんなことができるの，ベンジャミン．何もかもを憎んでいるんだわ．どうして，母をレイプするなんてできるのよ．分からないわ．分かりたくもない…」

— *The Graduate* —

③不賛成.

❏ベンと父親がプールサイドで話している．父親は，首を左右にゆっくり振りながらベンに話しかける．

Father: "*Now listen, Ben. Look, I think it's a very good thing that a young man...*"

父親： 「まあまあ聞きなさい，ベン．いいかい，それはすごくいいことだと思うんだよ…」

— *The Graduate* —

④驚き.

④-1)否定的な驚き.「あきれた」「なんということだろう」

＊"What a shame!" "Tsk, tsk!"（舌打ちの音）などを伴うこともある．

❏未成年のテリーがお酒を飲みすぎて戻してしまう．そのようすを見ていた老人が，「あきれた」といった感じで無言で首を３～４回振る．

— *American Graffiti* —

④-2)肯定的な驚き.驚嘆.感心.「すばらしい！」

❏コンサートなどですばらしい演奏が終わったあと，拍手をしながら首を左右に何回か振る．

❏去ってゆくカートを見て，アンダーソン氏が次のように話しながら首を左右に何回か振る．

Mr. Anderson: "*Sometime he'll make a fine Moose.*"?

アンダーソン氏： 「彼はいつかきっと僕らのような立派な大人になるだろう」

— *American Graffiti* —

usage 使われ方

使用頻度	性別	年齢	親密度	上下関係	品位	ことばとの関係
◎	MF	AC	—	—	N	G/G+S

M:MALE F:FEMALE A:ADULT C:CHILD H:HIGH L:LOW N:NORMAL
C:CASUAL G:GESTURE S:SPEECH

> 日常生活でよく使うしぐさです．男女とも，大人も子供も使います．
> 相手と話をしながら使うのが通常ですが，④-2) の例にあるような，
> 相手の後ろ姿に向かってしたり，コンサートで使ったりする場合は，
> 少し離れた距離でも使います．ことばとともに使われることが多く，
> 動作だけで使われるのは，④の驚嘆，感心などの場合です．意味①
> の定型表現としては，"No." が多く使われます．

comparison 日本人との比較

日本人も「いいえ」，「だめ」などの否定の意味（意味①）で頭を左右に振ることはありますが(cf.J-53)，意味②のように，話している間に頭を左右に何度も振りながら否定的な意味を相手に伝えるような使い方はあまりしません．

A-43. HEAD TILT
頭かしげ

action 動作

頭を右か左に傾けて，頭で場所を指し示す．

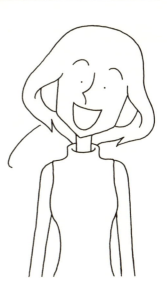

meaning 意味

「こっちへいらっしゃい」

❏ 車の中の男性が，キャロルに「こっちの車においでよ」といいながら，自分の車の方へ頭を傾ける．

Boy: "Why don't you come over here and ride with me?"

青年：「こっちに来ていっしょにドライブしようよ」
— *American Graffiti* —

usage 使われ方

使用頻度	性別	年齢	親密度	上下関係	品位	ことばとの関係
△	MF	AC	—	L→H×	C	G/G+S

M:MALE F:FEMALE A:ADULT C:CHILD H:HIGH L:LOW N:NORMAL
C:CASUAL G:GESTURE S:SPEECH

時々使う程度．男女とも大人も子供も使います．くだけた動作であるため，目上の人に対しては用いません．相手と会話をする距離から，頭の動きの見える程度の距離まで使えます．"Come here."などのことばを伴う場合と動作だけで使う場合があります．

comparison 日本人との比較

日本人も使いますが，男性が「こっちへ来い」といった命令調で使うことがある程度です．あまり上品な動作とはいえません．

異文化スケッチ

＜イギリス/ヨークにて・ヨーク大学の学生たち（1）＞
イギリスの大学は音楽学部のあるところも多く，そのために他学部の学生も音楽に親しむ機会が多数あります．ヨーク大学も音楽学部があるため，学生たちによる演奏を週2回の Lunchtime Concert で聴くことができます．また，音楽学部にあるホールでは，地域の人々のために毎週著名な音楽家を招いたコンサートが開かれます．BBC交響楽団の演奏も１５ポンド前後（3千円くらい）で楽しめます．また，学生たちはどんなによい席でも一律3ポンド（６００円くらい）で聴くことができます．先日行われた著名な「１８世紀オーケストラ」の演奏会では，フォーマルにおしゃれをした地域の人々に混じって，ラフな格好の学生たちも名演を楽しんでいました．

A-44. NOD
うなずき

action 動作

首を縦に振る．場合により，1回うなずく，2〜3回うなずく，数回連続して軽くうなずく，などがある．

meaning 意味

①相手の意見や行動に同意を表す．

❏ 若者のグループがゲームセンターで，機械からお金を取ろうとして係の人に見つかってしまう．係の人と顔見知りであるカートはみんな自分の友達だからと説明する．そのときカートの後ろにいたグループのリーダーが「そうさ」というようにうなずく．

Kurt: "They're some friends of mine. (Leader of Pharaohs nods) Yeah, we're just, you know..."

カート:「彼らはぼくの友達なんだよ．(ファラオのリーダーがうなずく) そう，ぼくらはただ，そのちょっと…」

— *American Graffiti* —

②自分の意見が正しいという確信．

❏ 寝室でロビンソン夫人に話しかけながら，ベンが1回力強くうなずく．

Ben: "This is the sickest, most perverted thing that ever happened to me, and you do what you want, but I'm getting the hell out." (Nods sharply once)

ベン : 「こんなの人生最悪だ. あなたはしたいようにすればいいけど, ぼ
　　くはもうこんなことはやめるんだ」（強くうなずく）

— The Graduate —

③自分の返事や話を肯定し, 自分で納得しているようなとき.
＊話をしながら, その間に7〜8回うなずく.

❏ベンと父親がプールのところで話をしている. ベンは父の問いにうなずきな
　がら答える.

Father: "Ben, what're you doing?"
Ben: "Well, I'd say that I'm just drifting, here in the pool."
Father: "Why?"
Ben: "Well, *it's very comfortable, just to drift here.*"

父親 : 「ベン, 何をしているんだい」
ベン : 「ええと, いうなればただ浮かんでるだけ. プールにね」
父親 : 「何で？」
ベン : 「うーん, すっごく気持ちいいんだよ. ただ, ぷかぷかして」

— The Graduate —

❏マットが祖父のバートに「ぼくの父さんが戦死したときどう思った？」と聞
　く. それに対して祖父が, 何回かうなずきながら答える.

Matt: "How did you feel when Dad died?"
Bart: "Hell of a shock, grief. (Nods) My son, I loved him."

マット : 「父さんが死んだとき, どう思った？」
バート : 「ものすごいショックで, 悲しかった. （うなずく）僕の息子だっ
　　　　たし, もちろん愛していたからね」

— Yesterday —

④出会いや別れの挨拶として軽く1回うなずく.
＊動作だけで使ったり, "Nice to meet you." "Hi!" "I hope you'll come
back again."などのことばとともに使ったりする.

usage 使われ方

意味①，②，③

使用頻度	性別	年齢	親密度	上下関係	品位	ことばとの関係
◎	MF	AC	—	—	N	G/G+S

意味④

使用頻度	性別	年齢	親密度	上下関係	品位	ことばとの関係
◎	MF	A>C	—	—	N	G/G+S

M:MALE F:FEMALE A:ADULT C:CHILD H:HIGH L:LOW N:NORMAL
C:CASUAL G:GESTURE S:SPEECH

> 日常よく使うしぐさです．男女とも，大人も子供も使います．ただし，意味④の挨拶の意味では，年齢が低いとあまり使いません．動作だけで使う場合と，"Yes."などのことば（意味①の場合）を伴う場合があります．

comparison 日本人との比較

頭を縦に振ってうなずくしぐさは，日本人もよく使います．しかし，意味からみると，アメリカ人のような「相手の意見に同意する，賛成する」といった積極的な意味を持つ場合と，単に相手の話を聞いているとか，相手の話の内容が理解できるといった相槌の場合があります．日本人はこの種の相槌を会話の中で非常によく使うため，日本人とアメリカ人が会話すると，しばしばこの相槌の意味解釈の違いで誤解を生じることがあります．意味④の挨拶も軽く会釈をするときに使います．

A-45. HEAD TOSS
頭そらし

action 動作

頭をそらすようにしてあごをぐっと上げ，その後元の位置に戻す．ただし，意味④の「方向指示」の場合は，指し示す方向にあごを向けるようにする．

meaning 意味

①挨拶．

* 誰かに紹介されたり，友人に会ったりしたときなどに，"Hello" などのことばを伴って，日常的によく使われる．

❏ 朝，ジョンがキッチンに入ってきて，そこにいた妹と目を合わせ，軽くあごを上げる．

— *Something for Joey* —

②命令．

* "Come here." などのことばとともに使われる．あごは，わずかに動くだけである．

❏ パトカーが来て，そこを通る車を検問している．マットは車のトランクに，見つかっては困る物を隠しているが，警官は容赦なく「トランクを開けてみろ」と言ってあごを上げる．すぐには開けようとしないマットに，催促するように無言でもう2回あごを上げる．

Officer: "*Open your trunk.*"

警官：「トランクを開けるように」

— *Yesterday* —

③質問.
*相手の意見や意向を聞くとき.
*動作で「あなたは?」と聞くとき.

❏"We're going to see a movie. Do you want to *come?*"

「映画を見に行くんだけれど,行かない?」

❏先生が生徒に,"What do *you think?*"

「あなたはどう思う?」

④**方向指示.**
*道を教えるときなどに使われる.あごの先で方向を示す.

⑤**挑戦.**
*相手に挑戦するとき,相手のほうを見てあごを上げる.

❏青年が恋人の家に招かれて食事をしている.2人の結婚に反対している彼女
の父親は話しかけながら青年のほうに,あごを1回上げて下ろす.

Father: "Why should a boy who wants to be a doctor marry my
daughter?"

父親:「医者になろうっていう青年が,どうしてうちの娘と結婚したいん
だ?」

— Yesterday —

usage 使われ方

意味①,③

使用頻度	性 別	年 齢	親密度	上下関係	品 位	ことばとの 関係
◎	MF	AC	—	—	N	G/G+S

意味②

使用頻度	性 別	年 齢	親密度	上下関係	品 位	ことばとの 関係
△	MF	C→A×	—	H→L	N	G/G+S

247

意味④

使用頻度	性別	年齢	親密度	上下関係	品位	ことばとの関係
△	M>F	AC	—	—	N	G/G+S

意味⑤

使用頻度	性別	年齢	親密度	上下関係	品位	ことばとの関係
△	M>F	C→A×	—	—	N	G/G+S

M:MALE F:FEMALE A:ADULT C:CHILD H:HIGH L:LOW N:NORMAL
C:CASUAL G:GESTURE S:SPEECH

- 日常よく使う動作です．男女とも大人も子供も使います．④と⑤の意味では，男性のほうが多く使います．子供が大人に対して，②の命令や③の挑戦の意味で使うと叱られます．初対面の人に対しても，親しい人に対しても使います．通常は同程度の力関係で使いますが，②の命令の場合には，強いほうが弱いほうに対して使います．動作のみの場合と，ことばを伴う場合があります．

comparison 日本人との比較

日本人は，人や物や方向を指すときにあごの先をつかうことがありますが，横柄な態度ととられます．このようなときには，片手で指し示すのが丁寧です．②の命令の意味でも同様に使います．⑤の挑戦の意味では，子供同士がけんかをしているときに使うことがあります(cf.J-19)．

A-46. SPANKING
尻叩き

action 動作
片手で子供のお尻を叩く.

meaning 意味
子供を叱るときの罰.

❏ 台所で,野球に負けてイライラしているジョーイがわがままを言って父親に叱られる.父親がジョーイを抱えるようにしてお尻を右手で1回叩く.

— *Something for Joey* —

usage 使われ方

使用頻度	性別	年齢	親密度	上下関係	品位	ことばとの関係
△	MF	A→C	H	H→L	N	G/G+S

M:MALE F:FEMALE A:ADULT C:CHILD H:HIGH L:LOW N:NORMAL
C:CASUAL G:GESTURE S:SPEECH

時々使われる動作です．両親が子供（特に学校に上がる前の子供）に対してする罰の１つです．両親以外では，子供を育てたり，教えたりする立場にある教師が使うことがありますが，最近は教師はしない傾向にあります．叱るときに叩く身体の部分としては，お尻の他に，手の甲やももがあります．頬や頭はめったに叩きません．叱りながら叩くこともありますが，ことばで叱ってから「こんなことをしたのだからお尻を叩きますよ」と前置きして，叩くこともあります．

comparison 日本人との比較

日本人も子供を叱るときに，頬や手，お尻を叩くことはあります．頭を強く叩くことはしませんが，「ほら，だめじゃないの」というような軽い小言のときに，軽く頭を叩いたり小突いたりすることは多くあります．

異文化スケッチ

＜イギリス/ヨークにて・ヨーク大学の学生たち（２）＞
大学の授業は，もちろん学部によっても異なりますが，筆者が参加したあるクラスは５０人弱で週に２時間の講義があり，そのクラス人数を三等分して同じ週に演習形式のクラスが２時間あるという，かなり丁寧な教え方をしていました．講義のときには５０人ほどの学生が熱心に耳を傾ける中，女性の教授が机に腰かけて講義をしていました．一方，日本で筆者がそのコーディネートを担当していた企業内英語研修のクラスでは，アメリカ人教師が机に腰かけて教えるのが失礼だと，生徒である会社員から不満の声があがったことがあり，この姿勢に対する受け止め方の違いを感じました．

腰
HIP

A-47. SITTING ON A DESK
机腰かけ

action 動作
机の上に腰かける．両足はそのまま下げておくか，椅子の腰かけ部分にのせたりする．

meaning 意味
くつろいだ姿勢．
* 家庭でも，学校の授業中でもごく普通に見られる動作である．

☐ 授業中に，教師が教卓に腰かけたり，生徒の机に腰かけたりする．女性教師も使う．また，生徒も教師に指名されたいときなど，自分の机に腰かけて，他の生徒より一段高い位置から手を上げたりする．

☐ ジョーイの家のキッチンで，二番目の兄が調理台に腰かけて椅子に足をのせ，母親と話をしている．

— *Something for Joey* —

usage 使われ方

使用頻度	性別	年齢	親密度	上下関係	品位	ことばとの関係
○	MF	C>A	—	—	C	G/G+S

M:MALE F:FEMALE A:ADULT C:CHILD H:HIGH L:LOW N:NORMAL
C:CASUAL G:GESTURE S:SPEECH

日常使う動作です．男女とも，大人も子供も使いますが，子供のほうが多くします．キッチンカウンターに腰かけて足を椅子の上にのせるのは，子供がよくする姿勢です．大学生や教師なども，よく使います．目上の人と話をするときにしても，それほど失礼にはあたりません．学生が教師と話すときや，会社の後輩が先輩に話しかけるときにも使うことがあります．くだけた動作です．

comparison 日本人との比較

日本人は机に腰かけることは，通常，よくないことと教育されます．したがって，上記の例のように，大学生が調理台に腰かければ，母親は必ずと言っていいほど「こんなに大きくなったのに，行儀が悪い」と叱るでしょう．また，階段や土手のようなところなら腰をおろしますが，まず，調理台には腰かけません．授業中は，教師は教壇のところに立つのが普通で，教卓に腰かけたり，生徒の机に腰かけたりすることは，まずありません．また，生徒が机に腰かけたりしたら，教師に注意されるでしょう．日本人にとって，この動作は，行儀の悪い，くだけすぎた動作であり，目上の人の前や，きちんとすべき場所や相手に対して使ってはならないものです．したがって，この動作に関する日米のとらえ方は，かなり異なるといえます．

A-48. CROSSED LEGS
足組み

action 動作
片足をもう一方の膝の上に組み合わせる．

meaning 意味
ごく普通のリラックスした状態の座り方．
＊特にこの座り方で明確な意味を表すわけではないが，女性らしさを強調した座り方に見えることもある．また，身体の向きによっては相手に対して挑戦したり構えたりする姿勢にもなる．教会や電車の中でも通常見られる姿勢である．

❏大学の講義を聴くとき，女子学生が足を大胆に組み身体を斜めに構えるような姿勢をとる．

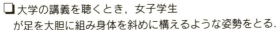
— *Yesterday* —

usage 使われ方

使用頻度	性別	年齢	親密度	上下関係	品位	ことばとの関係
◎	F>M	A>C	—	—	N	G/G+S

M:MALE F:FEMALE A:ADULT C:CHILD H:HIGH L:LOW N:NORMAL
C:CASUAL G:GESTURE S:SPEECH

- 日常，よく使うしぐさです．大人の女性が多く使います．小さい子供はしませんが，小学生くらいからは使います．ごく普通の姿勢なので，初対面の人に対しても，目上の人に対しても失礼にあたる姿勢ではありません．電車の中などでも足を組みますが，狭い場所で足先が相手に触れるような場合には迷惑になるのでしません．

`comparison` 日本人との比較

日本では男女ともが日常使う姿勢ですが，アメリカ人のようにごく普通の状態での姿勢というよりは，かなりくだけた姿勢であるという見られ方をします．日本人女性は，以前は公の場ではあまりこういう姿勢を取りませんでしたが，最近では，喫茶店，駅や病院の待合室などでもよく見かけるようになりました．しかし，日本では女性なら足先を揃えて座るほうが(cf.J-59)，男性なら足を組まないほうが(cf.J-58)相手に敬意を表す座り方とされているので，目上の人と話をするときや面接試験のときなど，かしこまった状況では使いません．また，授業中の姿勢としても好ましいのは足を組まない座り方です．授業中に足を組み，身体を斜めにして後ろに寄り掛かった姿勢をとると「だらしがない」とか「反抗的である」と教師に見なされる場合もあります．したがって，日米ともに同じ姿勢をしますが，その姿勢を見たときの受け取られ方がだいぶ異なります．

A-49. FEET ON FURNITURE
足のせ

action 動作

ソファーや椅子に腰かけ，靴を履いたまま片足または両足を机の上や，引出しの上にのせる．両足を上げる場合は足首の所で足を組むことが多い．アメリカ人にとっても靴はきれいなものではないが，家の中に靴を履いたまま入る習慣であり，日常よく使われる姿勢である．

meaning 意味

くつろいだ座り方．

* 家庭内でも，図書館や教室でもごく普通にとられる姿勢であるが，講義のときはあまりしない．ディスカッショングループではよく見かける姿勢である．

❏ カウンセリング室に1人の若者が入ってくる．中にいる学生の1人が，片足を机の上にのせて本を読んでいる．

— *Yesterday* —

❏ 図書館で男性3人が話をしている．そのうちの1人が片足を机の上に上げている．

— *Yesterday* —

usage 使われ方

使用頻度	性別	年齢	親密度	上下関係	品位	ことばとの関係
△	M>F	AC	—	—	C	G/G+S

M:MALE F:FEMALE A:ADULT C:CHILD H:HIGH L:LOW N:NORMAL
C:CASUAL G:GESTURE S:SPEECH

時々使う姿勢です．男女とも使いますが，男性のほうが使うことが多いです．大人も子供も使いますが，大学生くらいの若者が一番多く使います．親しい間柄でも使います．目上の人に対して使っても，さほど失礼ではありません．学生が教師と話をするときや，会社の後輩が先輩と話をするときなどに使うこともあります．

comparison 日本人との比較

　日本人は足を机の上に上げることはまずしません．家の中では靴を脱ぐので，靴を履いたまま机に足をのせることなど全くしないといってよいでしょう．家の中で家族だけでくつろいでいるときや，旅行に行って家族だけで部屋の中にいるときなどは，ソファーなどに足を投げ出してくつろぐことはありますが，教師や先輩の前など目上の人がいる場合には，失礼にあたるのでしません．また女性もあまり使ってよい動作とは言えません．しかし旅行の列車のボックスシートなどでは男性も女性も，靴は脱ぎますが，両足を向かい側の座席にのせることがよくあります．これは，このボックスシートを自分の家の中と同じように，リラックスできる空間ととらえているからでしょう．

　日本ではリラックスした姿勢を他の人の前ですること，特に目上の人の前ですることは非常に行儀が悪く，失礼にあたるというのが常識的な考え方ですが，地位の上の側は，自分の地位や権力を相手に示すためにリラックスした姿勢や横柄な態度を取ることがあります．ところが，これに対して，アメリカでは自分がリラックスした姿勢を取るということは，相手にもどうぞくつろいで下さいということを自分の側の姿勢で示していることになり，横柄な態度を表しているわけではありません．

　サウジアラビア・シンガポール・タイ・エジプトなどでは，「靴の裏を相手に見せる」ことが強い侮辱を表します．アメリカ人がリラックスして足を投げ出した姿勢をとった結果，靴の裏を相手に見せることとなり，けんかや殺人さえも起こる可能性があると言われます．

A-50. KISS
キス

action 動作

両唇を突き出して，相手の頬，唇，手などにキスをする．キスしたときに音をたてる場合と，たてない場合とがある．通常，親子や友人同士では頬にキスすることが最も多く，夫婦や恋人同士では唇にする．最近では"Air kiss"といって，相手の頬にキスをするときに音は立てるが直接唇を触れないキスが多くなってきている．

meaning 意味

①愛情表現．

❑ 友人宅のパーティーに夫婦が招かれる．友人宅の玄関に入る前に妻が「今日の洋服これでよかったかしら？」と聞く．夫が「ああ，とってもきれいだよ」と言って，妻の頬にキスする．

②出会いや別れの挨拶．

❑ ガブリエルの学校の前．授業が終わって待ち合わせていたマットに出会い，キスする．

Matt: "Hi!"
Gabrielle: "Oh, hello." (They kiss and hug.)

マット：「やあ！」
ガブリエル：「あら，こんにちは」（キスをして抱き合う）

— *Yesterday* —

❑ ジョンがキッチンに入ってきて，朝食の用意をしている母親の頬にキスをし，「おはよう」と言う．

257

❏ ジョーイが母親と家の前の階段に座って，スクールバスを待っている．バス
　が来たとき，母親が隣に座っていたジョーイのおでこにキスして送り出す．

— Something for Joey —

③お祝い.
❏ 結婚披露宴に招かれた人々が，花嫁の頬に「おめでとう」とキスをする．
❏ ピアノのコンサートのあと，友人が「おめでとう」とキスをする．

④感謝．お礼．「ありがとう」
❏ おじいさんが孫娘からネクタイのプレゼントをもらい，ありがとうと言って
　彼女の頬にキスをする．

— Yesterday —

⑤なぐさめ.
❏ 泣いている妻を夫が慰めて，左頬にキスする．

Husband: "We have to get going. (Kiss) Come on."
夫：「さあ，そろそろ行かないと．（キス）さあ」

— Something for Joey —

⑥痛みをとるためのおまじない.
❏ 子供が転んで泣いていると，母親が"Kiss it and make it better."（キスして，
　痛いの痛いの飛んで行け）と言って傷口にキスする．
❏ ホッケーの選手が顔にけがしているのを見て，ウェイトレスがけがをしたと
　ころにキスをする．

Waitress: "Oh, doesn't it hurt?"
Student: "Why don't you kiss it and make it better?"
(She kisses his cheek.)

ウエイトレス：「ねえ，痛む？」
学生：「キスして痛みを取ったら？」（彼女は彼の頬にキスする）

— Yesterday —

＊この場合は，学生に対してしているが，通常は6歳くらいまでの子供に対
　してするのが普通で，けがをしたところにキスしてあげると痛みが取れる
　というおまじない．

usage 使われ方

意味①~⑤

使用頻度	性別	年齢	親密度	上下関係	品位	ことばとの関係
◎	MF M&M×	AC	H	—	N	G

意味⑥

使用頻度	性別	年齢	親密度	上下関係	品位	ことばとの関係
◎	F	A→C	H	—	N	G

M:MALE F:FEMALE A:ADULT C:CHILD H:HIGH L:LOW N:NORMAL
C:CASUAL G:GESTURE S:SPEECH

> 日常よく使うしぐさです．意味①~⑤については，男女とも使いますが，男性同士では使いません．意味⑥は，母親が子供にするのがもともとの形なので，女性が使います．意味①~⑤は，大人も子供もします．相手との親密度については，すべての意味において，親子，兄弟，夫婦，恋人，友人といった親密な間柄で用いられます．品位は「普通」．口を使う動作であるため，ことばはその前後になります．

comparison 日本人との比較

日本人がキスするのは，恋人や夫婦間，親と幼児の間の愛情表現に限られ，上記のように挨拶の場面や，お祝い，お礼，慰めなどの意味でキスを使うことはしません．人前でオープンにすることも避けられてきましたが，最近は若い恋人同士や，若い母親が我が子に人前でキスすることも多くなってきています．ロシア文化圏やラテンアメリカでは，男性同士が抱き合って頬にキスすることもありますが，アメリカでは，普通大人の男性同士が抱き合うことはしませんし，キスしあうこともありません．

A-51. FINGERTIP KISS
投げキス

action 動作

片手を軽く広げ，人差し指と中指の腹を唇につけて「チュッ」という音を出す．そのあと，その指先を離れたところにいる相手のほうへ投げるようにする場合と，指先を口から離して，あたかも指先にのっているキスを相手のほうへ飛ばすように，口で軽く「ふっ」と吹く場合がある．また，意味②の場合は，両手で投げキスをする場合もある．

meaning 意味

①別れの挨拶，出かけるときや寝る前の挨拶．

- ❏ 朝，まだ男性が寝ているうちに女性が仕事に出かけていく．出かける前に，戸口のところで男性に向かって投げキスをする．
- ❏ 空港で見送りに来てくれた人に向かって投げキスをする．
- ❏ 寝る前に子供が母親の頬にキスしたあと，ドアのところでもう1回投げキスをする．

②ステージからの観客に対する挨拶やお礼．

- ❏ 劇の終わったあとに，舞台に出てきた俳優に，観客が大きな拍手を送る．それに対して，俳優が両手あるいは片手で投げキスをする．
- ❏ 音楽会でステージに出てきたときに，観客に対する挨拶として，片手か両手で投げキスをする．

usage 使われ方

意味①

使用頻度	性別	年齢	親密度	上下関係	品位	ことばとの関係
△	F>M	AC	H	—	C	G

意味②

使用頻度	性別	年齢	親密度	上下関係	品位	ことばとの関係
△	F>M	AC	—	—	C	G

M:MALE F:FEMALE A:ADULT C:CHILD H:HIGH L:LOW N:NORMAL
C:CASUAL G:GESTURE S:SPEECH

> 時々使う動作で,女性が主に使います.大人も子供も使います.子供であれば,男の子でも女の子でもします.意味①の場合は親しい人にのみ使います.通常のキスができないような離れた距離で使うことと,キスを投げる距離をとることから,通常の会話の距離よりはかなり離れた距離で用います.動作だけで使います.

comparison 日本人との比較

役者が舞台の上からは使うこともありますが,日常生活では日本人は使いません.投げキスは,古代ギリシャ・ローマ時代にもすでに使われており,2000年以上も前から知られている動作だそうです.

A-52. LICKING LIPS
唇なめ

action 動作

舌で唇をなめる．なめるのは，上唇の場合も下唇の場合もある．両唇を上から下へと一回りなめることもある．

meaning 意味

①神経質．

*何かに対して神経質になっていることを意味し，この意味の場合は，なめるときの舌の動きが，落ち着かないため早くなる．

❑ 青年が恋人の家に招かれて食事をしている．2人の結婚に反対している彼女の父親の質問に答えるときに，青年はこの動作をする．

Father: "Why should a boy who wants to be a doctor marry my daughter?"
Man: "Uh, I don't know. I mean... I'm sure..., why not? (Licks lips) Uh, we, uh, we haven't talked about it too much, though."

父親：「医者になろうっていう青年が，どうしてうちの娘と結婚したいんだ？」
青年：「えっ さあー．つまり…その…いいじゃない？（唇をなめる）えーそのことについては，あまり深く話し合ったことはないけど」

— *Yesterday* —

②期待.

*何かに対して，下心のある期待を抱いていることを表す．この場合は，舌の動きがゆっくりで大きい.

❑デビーとテリーがドライブの途中で車を止めて，お酒を買おうとする．2人とも未成年なのに，彼女が「あなたならきっとうまくお酒を買ってきてくれるわね」と言いながら彼にキスをする．その後で，彼女は「いい考えだと思わない？」というように両目を大きく開けてうなずき，舌で上唇をなめる.

Debbie: "And I think you're smart enough to get us some booze. (Kiss) Yeah. "(Licks lips)

デビー：「あなたならきっとうまくお酒を買ってきてくれると思うわ．（キス）でしょ？」（唇をなめる）

— *American Graffiti* —

③考えている.

usage 使われ方

意味①

使用頻度	性 別	年 齢	親密度	上下関係	品 位	ことばとの関係
○	MF	AC	L	L→H	C	G

意味②

使用頻度	性 別	年 齢	親密度	上下関係	品 位	ことばとの関係
○	MF	AC	H	L→H	C	G

M:MALE F:FEMALE A:ADULT C:CHILD H:HIGH L:LOW N:NORMAL
C:CASUAL G:GESTURE S:SPEECH

日常使われる動作です．男女とも，大人も子供も使います．意味①では，あまり親しくない間柄の人や，地位の上の人に対して，神経質になっているときに使われます．意味②では，よく知っている間柄で，地位の低い者が高い者に対して下心を表すようなときに使います．意味②は下品な動作と見なされます．ことばと同時に使われることはなく，動作のみで，ことばの途中や後に使われます．

comparison 日本人との比較

日本人も神経質になっているときや，考え事をしているときに無意識に使うことがあるでしょう．②の意味では「舌なめずりをする」といった表現をし，よからぬことを頼んで相手が承諾したようなときに使います．品のよい動作とはいえません．「もみ手」も②の意味を持つ動作です(cf.J-41)．

異文化スケッチ

<イギリス/ヨークにて・もみ手>
イギリスのテレビはBBC１，BBC２など５チャンネルしかありません．もっとも，多くの家庭はケーブルテレビを利用していますが，日本のテレビ番組に比べるとバラエティには欠けます．ある日，歌番組の中で歌手が視聴者に何かプレゼントを持ってくるという企画がありました．女性司会者が女性歌手に何を持ってきてくれたのと言いながら，両手を擦り合わせました．何かいいものが出てくるのではないかと期待してのもみ手の動作です．

A-53. WHISTLE
口笛

action 動作
両唇を前方に尖らすようにして音を出す.

meaning 意味

①素早く.

❏ 孫のマットのアパートを訪ねた祖父が, 話の途中でヒューと短い口笛を1回吹く.

Grandfather: "Uh, Matt, if this is none of my business, just say the word and (Whistles), I'll be gone right back home.

祖父:「なあ, マット, よけいなお世話なら, 一言だけ言って(口笛)すぐに退散するよ」

— *Yesterday* —

②こっちへ来い.
＊犬や牛などの動物を呼ぶときの口笛は「こっちへ来い」という意味.

③素敵！

❏ 見知らぬ美人が近くを通ったり, 近くに座ったりしたとき, 異性の関心を引くために口笛を吹く.

❏ 親しい女性がドレスアップしてきたときに, 賞賛の意味で口笛を吹く. この場合は上がり調子と下がり調子の2種類の口笛を吹く.

④驚き.

＊よいことでも悪いことでも，驚いたときに使う.

❏すりが財布を盗んでみたら，その中に思いがけず大金が入っていた．彼は少し長めの口笛を1回吹く.

❏子供が満点の答案を見せたので，親が口笛を吹く.

usage 使われ方

意味①，④

使用頻度	性 別	年 齢	親密度	上下関係	品 位	ことばとの関係
△	M＞F	AC	—	L→H×	C	G/G+S

意味②

使用頻度	性 別	年 齢	親密度	上下関係	品 位	ことばとの関係
△	人→動物	AC	—	—	—	G

意味③

使用頻度	性 別	年 齢	親密度	上下関係	品 位	ことばとの関係
△	M→F	A	—	L→H×	C/L	G/G+S

M:MALE F:FEMALE A:ADULT C:CHILD H:HIGH L:LOW N:NORMAL
C:CASUAL G:GESTURE S:SPEECH

どの意味でもそれほど使われるわけではありません．男性が多く使い，意味③では男性が女性に対して使います．大人も子供も使います．子供は，子供同士で使うほか，大人に対して話をするときにも使います．③の意味では若者が多く使います．親しい人にも見知らぬ人にも使えますが，目上の人や地位の上の人には失礼に当たるため使いません．下品な動作ではありませんが，多少くだけた感じの動作です．③の意味で見知らぬ人に対して使う場合には，下品な動作になります．意味①では，ことばとことばの間で使われます．意味③では，見知らぬ人に対してはことばを伴いませんが，親しい人をほめる場合は，ことばを伴うこともあります．

comparison 日本人との比較

日本人の男性にも使う人はいますが，女性はめったに使いません．カジュアルな場面で使われます．

A-54. POUT
口尖らし

action 動作

子供がよくする不満の表情．口を閉じ，下唇を上唇より出すようにする．

meaning 意味

①不満．

- ❏ ほしいお菓子があったのに母親が買ってくれなくて，子供が口を尖らす．

- ❏ キャロルとジョンがドライブをしているときに，キャロルがふざけてジョンの顔にシェービングクリームをかける．このことをジョンが咎めたのが不満で，下唇を一瞬前に突き出す．

— *American Graffiti* —

usage 使われ方

使用頻度	性別	年齢	親密度	上下関係	品位	ことばとの関係
△	MF	C→A	H	L→H×	C	G

M:MALE F:FEMALE A:ADULT C:CHILD H:HIGH L:LOW N:NORMAL
C:CASUAL G:GESTURE S:SPEECH

おもに子供がする表情で，大人はふざけてすることはありますが，普通はしません．男の子も女の子もします．子供同士でするほか，大人，特に両親に対してしますが，見知らぬ人に対してはしません．大人でも先生，目上の人，お客さんに対しては使いません．なぜなら，これらの人に対しては「やってはいけない」表情であるため，すれば両親に叱られるからです．口を使った表情であるため，ことばはその前後に発せられます．

comparison 日本人との比較

「口を尖らす」のは，日本人の子供がよくする不満の表情の一つです．この他には，「ふくれっ面」(cf.J-13)も不満を表す表情です．

A-55. TIGHTENED LIPS
締め口

action 動作

口をきっと結び，唇の両端に力を入れて固くする．

meaning 意味

①怒り，不満，不快，嫌悪．

- 学生同士で話をしている．そのうちの1人がマットを侮辱するようなことを言ったので，マットは怒って口をきっと結ぶ．

— *Yesterday* —

- いやいやいっしょにドライブしていたのに，キャロルがジョンに自分を好きだと言わせようとしたので，ジョンは顔をそむけて口をきっと結ぶ．

— *American Graffiti* —

②悲しみ，感情を抑える．

- キッチンで両親と兄がジョーイの病気のことについて話している．父親が話する前に，唇をきっと結ぶ．

Father: (Tightens his mouth briefly)"When the doctor first told us that Joey had leukemia, they said we had two choices."

父親：「最初に医者が，ジョーイが白血病だと言ったとき，私たちには選択肢が2つあると言っていた」(唇をきっと結ぶ)

— *Something for Joey* —

③ためらい，ことばを捜す．

❏会社の上司が部下に「君は昨年度の働きがあまりよくなかったから，今年はベースアップは見送りだ」と言わなければならなくて，本人を前に話を躊躇(ちゅうちょ)しているとき．

usage 使われ方

使用頻度	性別	年齢	親密度	上下関係	品位	ことばとの関係
◎	MF	AC	—	—	N	G

M:MALE F:FEMALE A:ADULT C:CHILD H:HIGH L:LOW N:NORMAL
C:CASUAL G:GESTURE S:SPEECH

- 日常よく使う表情です．男女とも大人も子供も使います．口を用いた表情ですので，ことばはその前後になります．

comparison 日本人との比較

日本人も同様にする表情です．

MOUTH

A-56. SUCKING UPPER LIP
吸い込み唇

action 動作

上唇を口の中に吸い込むようにし，
下の歯で噛んで押さえ，上唇を下唇
で覆うような形にする．

meaning 意味

考え事．

* 「さあ，どうすればいいかな」と考
  えている動作．考える内容は，よい
  ことでも悪いことでもかまわない．
  非常に深刻に悩んでいたり，とても
  困っていたりするときには使わず，
  多少余裕があるときに使う．

❏ 1人の学生が，たまたま不良グル
   ープのメンバーの車の上に乗って，
   他の車を見ていた．それを見つけた不良グループのリーダー格の青年が，
   「さあ，こいつをどうしてやろうか」と考えながら，下唇で上唇を包むよう
   にする．

— American Graffiti —

usage 使われ方

使用頻度	性 別	年 齢	親密度	上下関係	品 位	ことばとの関係
○	M>F	A>C	—	—	C	G

M:MALE F:FEMALE A:ADULT C:CHILD H:HIGH L:LOW N:NORMAL
C:CASUAL G:GESTURE S:SPEECH

日常使う表情で，女性より男性のほうが多く使う傾向にあります．大人のほうが多く使いますが，子供も小学生以上であれば，使うこともあります．品位は，通常よりやややくだけた程度．相手がいない状態で，考えているときにも使えますが，相手がいる場合には会話をする距離で使います．口を使う表情であるため，ことばは伴いません．

comparison 日本人との比較

日本人は使わない表情です．

異文化スケッチ

<イギリス/ロンドンにて・行列>
イギリスの人々は銀行でも，郵便局でも，切符を買うにも整然と列(queue)をつくって順番を待つことで知られています．ロンドンの主要駅であるヴィクトリア駅やウォータールー駅，キングス・クロス駅などでは，中央に巨大な電光掲示板があり，発車する列車の発車時刻順に行き先や停車駅などの詳細が次々と表示されるしくみになっています．そして列車の発着ホームが掲示されると，多くの人が一斉にそのホームに向けて移動を始めます．よく利用するキングス・クロス駅では，一部の列車はここで待つようにと場所が指示されるので，円形になっている駅の待合広場の端まで，非常に長い列ができます．ホームが決まると赤い帽子に紺のシックなコートを着込んだ GNER の女性駅員が知らせに来るのですが，電光掲示版にも表示されるため，人々は一斉に駆け足でホームに急ぎ，今まで何のために列をつくっていたのかと思わせることもありました．

273

A-57. BITING LOWER LIP
下唇噛み

action 動作

上の歯で下唇を噛む．その際，歯は見せない．意味①の場合は，噛む箇所は中央でも端でも可能で，何度も噛み直すようにする．意味②の場合は，中央を噛んだまま動かさない．

meaning 意味

①心配したり，イライラしている気持ちを表す．

*深刻なことでも，それほどでもないことでも，かなり広い範囲で使える．

❏ ガブリエルがホッケーの試合を見ている．試合の結果がどうなるか気がかりで，下唇を噛む．

— Yesterday —

②悲しみをこらえる．

*悲しくて泣きそうになるのをこらえているときや，泣いているときにする．しばらく会えない人と別れるときや，知人と死別したときなど．

usage 使われ方

使用頻度	性別	年齢	親密度	上下関係	品位	ことばとの関係
○	F>M	AC	—	—	N	G

M:MALE F:FEMALE A:ADULT C:CHILD H:HIGH L:LOW N:NORMAL
C:CASUAL G:GESTURE S:SPEECH

> 日常的に使う表情です．男女ともしますが，女性のほうが多くする傾向にあります．大人も子供もします．口を使った表情なのでことばは伴いません．

comparison 日本人との比較

日本人も何か気掛かりなことがあるとき，心配なことがあるとき，困ったことがあるときなどに下唇を噛むことがあります．また，つらいことがあったとき，悔しいことがあったときにも下唇を噛んで耐えます．

A-58. CHEWING FINGERNAILS/THUMB
爪・親指噛み

action 動作

5本の指の爪を順番に噛む．実際に爪を少しずつ噛み切っていくこともある．爪でない場合は，親指を1本出して，他の4本の指は軽く握り，親指の腹を噛む．

meaning 意味

気持ちが落ち着かない，いらいらする，気掛かりなことがある．

❏ 無理やり悪いグループの仲間といっしょに車に乗せられた若者が，車の中で「困ったなあ」という感じで腕を組むようにしながら無言で左手の親指を噛む．
— *American Graffiti* —

❏ ローリーがカーレースに参加する．車の中で神経質になって両手を組み合わせ，組み合わせた手の親指を口に入れる．
— *American Graffiti* —

usage 使われ方

使用頻度	性別	年齢	親密度	上下関係	品位	ことばとの関係
△	F>M	C>A	—	L→H×	C	G

M:MALE F:FEMALE A:ADULT C:CHILD H:HIGH L:LOW N:NORMAL
C:CASUAL G:GESTURE S:SPEECH

> 時々使う動作ですが，子供っぽい動作であるため，大人はほとんどしません．小さい子供，あるいは十代の若者がよくします．女の子のほうが男の子よりよく使います．カジュアルな動作で教師や親の前でするとやめるように注意されます．動作のみで使われます．

comparison 日本人との比較

日本人の子供の中には「指しゃぶり」をする子もいますが，大人はしません．日本人にとっては幼い子供のしぐさであって，退屈したり，不満があったり，気掛かりなことがあって神経質になっているときなどにします．親にはやめるように言われるしぐさです．世界では，神経質になっていらいらしているときなどに，大人が小指の爪を噛むことがあるようです．

MOUTH

A-59. COVERING MOUTH
口抑え

action 動作

片手を口に当てて口を隠すようにする．親指を少し離し，他の4本の指を揃えて口と鼻のあたりを軽く抑えるようにする．意味②の場合は，両手で鼻と口のあたりを隠す場合もある．

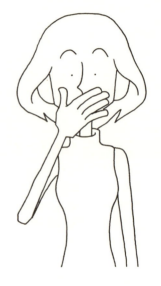

meaning 意味

①当惑．
* 笑うべきではないときに思わず笑ってしまったときなどに使う．たとえば，教会で牧師がことばを間違えたときとか，相手の不幸に対して思わず笑ってしまったときに，そのあまりよいとはいえない笑いを隠すために手を口に持っていく．また，笑わなくても，何か恥ずかしい気持ちがあるときには，口に手を持っていくことがある．

❏ 車にジョンとキャロルが乗っている．キャロルがいたずらをして，運転中のジョンの鼻にシェービングクリームをかける．それに対する彼の反応を見て，笑うと怒られるのは分かっているのに，左手で口を隠しながら笑う．
— *American Graffiti* —

②驚き．恐怖．
* 映画を見ていて恐い場面が出てきたときなどに，片手あるいは両手を素早く口のあたりに持っていく．

usage 使われ方

使用頻度	性別	年齢	親密度	上下関係	品位	ことばとの関係
○	F	AC	—	—	N	G/G+S

M:MALE F:FEMALE A:ADULT C:CHILD H:HIGH L:LOW N:NORMAL
C:CASUAL G:GESTURE S:SPEECH

> 女性が，日常使う動作です．大人も子供も使いますが，意味①は多少子供っぽい動作です．意味①では動作のみで使う場合と，笑いながら話をする場合とがあります．意味②は動作のみで使うことが多いです．

comparison 日本人との比較

日本人女性も笑うときに口に手を当てます(cf.J-64)．しかし，この動作を伴う笑いの状況が上記①のようなことに限定されるアメリカに比べ，日本人女性の場合は，それが気まずい笑いであっても，ゲラゲラ笑っている場合でも，「ふふふ」とほほえんでいる場合でも，つまりどんな笑いに対しても使えます．また，手の当て方も，両手で鼻と口全体を覆う，片手の人差し指から小指までの4本の指を揃え，その指先で鼻と口を軽く抑える，片手の5本の指の間を大きく開けて鼻と口の前にもっていくなど，いろいろな形がとられます．意味②の驚きも同様に使います(cf.J-65)．

MOUTH

A-60. FIST TO MOUTH
口にこぶし

action 動作

親指以外の4本の指を内側に折って口に当てる．片手でするときと両手でするときがある．親指を内側に折ることもある．

meaning 意味

①心配，気掛かり，イライラ，困惑．

❏ 息子の出場している野球の試合を見ている母親が，上手にプレーできるかどうか心配で，両手を丸めて口に当てる．

— *Something for Joey* —

❏ ローリーの兄が不良グループに誘われて，車にいっしょに連れ込まれる．ローリーの兄は「困ったなあ」というように腕を組み，親指を外に出して，他の指を握り，無言でその手を唇にあてる．

— *American Graffiti* —

②恐いとき．

❏ 恐い映画を見ているとき，目は画面の方を追うが，恐いので手を口の方へ持っていく．

usage 使われ方

使用頻度	性別	年齢	親密度	上下関係	品位	ことばとの関係
△	F>M	AC	—	—	N	G

M:MALE F:FEMALE A:ADULT C:CHILD H:HIGH L:LOW N:NORMAL
C:CASUAL G:GESTURE S:SPEECH

時々使うしぐさです．大人も子供も使いますが，男性よりは女性のほうが多くする動作です．動作のみで使います．

comparison 日本人との比較

日本人女性も心配なときや，恐いときに口に手を持っていきます．握った手や(cf.J-66)，広げた手(cf.J-65)で口を覆うようにします．非常に恐いときには，両手で口の周辺を覆います．

✌異文化スケッチ✎

＜スウェーデン/エーテボリにて・出会いの挨拶（2）＞
ホテルで見ていたCNNで，日本のニュースが流されました．それは，都内の某一流ホテルで行われた，自動車関係の大手会社の社長就任披露パーティーのニュースでした．会場の入り口に起立し，招待客を迎え入れるために延々と丁重なお辞儀を繰り返す新社長のしぐさが，海外にいると異質な光景を目の当たりにしているようで，印象に残りました．

MOUTH

A-61. FINGER BESIDE MOUTH
口元に指

action 動作

片手の人差し指を1本立てて、口の端あるいは頬に当てる。親指はあごの下に当て、他の3本の指は軽く握る。机にひじをつく姿勢でしたり、片手の手のひらで、この動作をしているもう一方の手のひじを支えるようにしたりする。

meaning 意味

熟考．考え事．

＊考えることの内容は、よいことから悪いことまでと広く、特に限定はない．

❏ 学長がいたずらをした3人の男子学生を呼んで、この動作をしながら説教を始めようとする．

Dean of student: "*I'm not going to make a big speech to you...*"

学長：「私は、あれこれ言うつもりはないんだが…」

— *Yesterday* —

usage 使われ方

使用頻度	性別	年齢	親密度	上下関係	品位	ことばとの関係
○	M>F	A>C	—	—	N	G/G+S

M:MALE F:FEMALE A:ADULT C:CHILD H:HIGH L:LOW N:NORMAL
C:CASUAL G:GESTURE S:SPEECH

日常よく使う動作です．男女とも使いますが，男性のほうが多く使います．子供よりは大人が多く使い，子供っぽいしぐさではありません．親しい相手でも，そうでなくても使えます．また，地位の上の人にも使えます．無言で考えているときに，動作のみで使うこともありますが，この動作をしながら話をすることもあります．

comparison 日本人との比較

日本人も考えているときにする動作の一つです．あごに手をやって考え事をすることもあります(J-17)．

MOUTH

A-62. HAND TO NOSE
鼻さわり

action 動作

片手の指先で, 鼻の両脇を軽くさわる. そのあと口の周りに手をやるなど, 常に手を動かす.

meaning 意味

相手に嘘をつく. だます.

❏ 5～6人の少年グループが, ゲームセンターで誰もいないのを見計らって, 機械から売上金を取ろうとする. その現場が見つかりそうになると, リーダーがばつが悪いというようすで, 右手の指先で鼻の下をこする.

The owner: "Hey, hey, what are you punks doing? What's going on here?"
(Leader rubs underneath nose with fingers, then passes them around mouth.)

店のオーナー：「おいおい, おまえらそこで何やってんだ？一体何の騒ぎだ」
リーダー： (指先で鼻の下をさわり, その指を口のあたりにもっていく)

— *American Graffiti* —

usage 使われ方

使用頻度	性別	年齢	親密度	上下関係	品位	ことばとの関係
○	MF	AC	—	—	N	G/G+S

M:MALE F:FEMALE A:ADULT C:CHILD H:HIGH L:LOW N:NORMAL
C:CASUAL G:GESTURE S:SPEECH

通常使うしぐさです．男女とも，大人も子供もします．相手との親密度や地位に関係なく用いられます．動作だけでも，またことばを伴ってでも使われます．

comparison 日本人との比較

日本人もばつが悪いときや困ったときに，鼻や口のあたりに手をやります．何かを隠しているときや相手をだましているときに，落ち着かなくて，無意識に指の先で鼻をなでたり，指の甲でこすったりします．

285

A-63. WRINKLING NOSE
鼻しわ寄せ

action 動作

鼻の両端を上げる．その結果，鼻の中央に縦じわが寄り，口は閉じたまま両端が少し上に上がる感じになる．口は前に突き出すこともある．以上の動作に，目を細めるや眉をひそめるなどが付加されることもある．

meaning 意味

①嫌悪．

＊もともと，臭いものに対してする鼻の動作からきており，臭いものはいやだというところから嫌悪を表す．たとえば，アメリカ人の子供が「日本人は生の魚を食べる」と聞いたときなどにこの表情をする．

❏ジョーイが自分の髪にカールがかかっていて，それを女の子に触れられていやだと友達に話す．友達がそれに同情して，ぼくもいやだという意味で鼻の頭にしわを寄せる．

Joey: "All the girls are always trying to touch it."
Friend: "Yck." (Wrinkles his nose)

ジョーイ：「女の子たちがみんなさわろうとするんだよ」
友達：「うえっ」（鼻にしわを寄せる）

— *Something for Joey* —

②軽視．けなす．大事なことだと思っていない．

❏ジョンとキャロルがドライブをしている．かなり年の離れているジョンは，子供っぽいキャロルを早く家に帰したい．そこで「宿題か何かないの？」と

聞いてみる．キャロルは帰りたくないので，「宿題なんかお母さんがしてくれるわ」と言って鼻にしわを寄せる．

John: "Don't you have some homework or something to do?"
Carol: "No, sweat, my mother does it for me." (Wrinkles her nose)

ジョン：「宿題とか何とかあるんじゃないの？」
キャロル：「ううん，お母さんがしてくれるから」（鼻にしわを寄せる）
— *American Graffiti* —

usage 使われ方

使用頻度	性別	年齢	親密度	上下関係	品位	ことばとの関係
○	MF	C>A	H	L→H×	C	G/G+S

M:MALE F:FEMALE A:ADULT C:CHILD H:HIGH L:LOW N:NORMAL
C:CASUAL G:GESTURE S:SPEECH

> 日常使う表情です．男女ともします．3歳から小学生くらいの子供がよく使うので，多少子供っぽい表情に見られます．ある程度，親しい間柄で使います．両親や教師に対して使っても叱られる表情ではありませんが，教会の牧師などに対しては使いません．多少くだけた表情です．相手と会話をする距離で用います．大人は表情だけで用いることが多いですが，子供は"Ugh!"や"Yck."などと言いながら使うこともあります．

comparison 日本人との比較

日本人は多少鼻にしわを寄せる程度で，これほど表情がはっきりしていません．

A-64. ARM AROUND SHOULDER
肩に腕

action 動作
相手の肩に自分の片手をのせる。立ったまますることもあるし、歩きながらすることもある。腰かけてする場合もある。肩にのせた手で肩を軽く叩くことやなでることもある。

meaning 意味
①友情。仲間意識。結束。

❏ 大学に行くためにこの町をしばらく離れなくてはならない若者が、友達の肩を抱いて歩きながら、自分の車をその間貸してあげると話をする。

Steve: "...and I've decided that I'm going to let you take care of my car while I'm gone..." (Walking with arm around friend's shoulder)

スティーブ:「ぼくがいない間、君にぼくの車のめんどうをみてもらうことにしたよ（友達の肩を抱いて歩きながら）」

— *American Graffiti*

②出会いと別れの挨拶。

*男性同士が出会ったときに抱擁の代わりに使ったり、別れのときに、車まで送る途中に話をしながら肩を抱く。

❏ ロビンソン家を訪れていたベンが帰るとき、ロビンソン氏がベンの肩に手をかけて、いっしょに歩きながら入口まで送って行く。

Mr. Robinson: "You have yourself a few flings this summer."
(Places arm around Ben's shoulders and walks to the door)

ロビンソン氏：「この夏は恋をしなさい」

— *The Graduate* —

③先輩から後輩，親から子，先生から生徒に対する愛情や支配.

❏不良グループのファラオのリーダーが，新しく仲間に引き込もうとしている
カートの肩に手をかけ，ときにはぎゅっとつかみながら話をしている.

Leader: "*I know what you'd like more than anything right now. Like
every guy in this town, you've got the same secret dream, right? You
want to be a Pharaoh. Go ahead, you can admit it.*"

リーダー：「おまえが今一番やりたいことは分かってるんだ. この町の若
いやつらと同じように，密かに夢をもっているんだろう？ な？ ファラ
オの一員になりたいって. ほら，そうだろ」

— *American Graffiti* —

④同情，慰め，励まし.

❏大学入学のために旅立っていく息子のカートを，母親と娘のローリーが空港
まで見送りに来る. カートに別れの抱擁をした母親の気持ちを察して，ロー
リーが母親の肩に手をまわす.

— *American Graffiti* —

❏病院に入院させた息子の病状を心配している妻を思いやって，夫が歩きなが
ら妻の肩に手をまわす.

— *Something for Joey* —

usage 使われ方

意味①，②

使用頻度	性別	年齢	親密度	上下関係	品位	ことばとの関係
○	MF	AC	H	—	N	G/G+S

意味③，④

使用頻度	性別	年齢	親密度	上下関係	品位	ことばとの関係
○	MF	A>C	H	H→L	N	G/G+S

M:MALE F:FEMALE A:ADULT C:CHILD H:HIGH L:LOW N:NORMAL
C:CASUAL G:GESTURE S:SPEECH

> 日常使う動作です．男女とも使います．大人も子供も使いますが，意味③と④では大人が使うことが多いです．親しい間柄で使う動作です．地位の上の者が下の者に対して使ったり，同程度の力関係の者同士が使ったりします．目下の者が目上の者に対して使うことはありません．動作だけで使う場合と，ことばとともに使う場合があります．

comparison 日本人との比較

日本人も相手の肩に手を回すことはあります．①や③の意味で，男性の友人同士や先輩と後輩の間柄などで使われます．しかし，アメリカ人のように④の意味で夫が妻の肩に手をまわしたり，娘が母親の気持ちを思って肩に手をかけたりということはあまり多くは見られません．②の意味でもあまり使われません．

A-65. PATTING SHOULDER
肩叩き

action 動作
相手の肩に手をかけて，2～3回軽く叩くようにする．

meaning 意味

①会話の終わり．

❏ 卒業祝いのパーティーで，ベンと彼の父の友人が向き合って話をしている．友人はベンの肩に手を回して話をしているが，話の最後に肩を2回ほど叩く．

Man: "'Nuff said, it's a *deal*."

男性：「よし，約束だ」

— *The Graduate* —

②「まかせておいて」と相手にものを頼まれた側が使ったり，親子間で使う．

❏ 酒屋の前で未成年の学生が店の前にいた男性にウィスキーを買ってくれないかと頼む．その男性はよしよしと学生の肩を4～5回軽く叩く．

Man: "*Why not, certainly.*"

男性：「よし，そうしよう」

— *American Graffiti* —

③慰め，励まし．

❏ 母親がジョーイのことを父親に相談しながら泣き出す．父親が慰めるように母親の肩をなでたり，軽く叩いたりする．

— *Something for Joey* —

④相手の注意を引く.

❏パーティーで他の人と話をしている友人に用があるときに，相手の肩を軽く叩く.

⑤相手をほめる．賞賛.

❏フットボールの試合で得点した選手に対し，他の選手が「よくやった」というように肩を叩く.

usage 使われ方

意味①，②

使用頻度	性 別	年 齢	親密度	上下関係	品 位	ことばとの関係
△	MF	A	H	L→H×	N	G/G+S

意味③，④，⑤

使用頻度	性 別	年 齢	親密度	上下関係	品 位	ことばとの関係
△	MF	AC	H	L→H×	N	G/G+S

M:MALE F:FEMALE A:ADULT C:CHILD H:HIGH L:LOW N:NORMAL
C:CASUAL G:GESTURE S:SPEECH

時々使われる動作です．意味①と⑤は男女とも使いますが，意味②～④は男性の方が多く使います．意味①と②は大人が使いますが，③～⑤は子供でも使います．いずれの意味でも，親しい間柄で使います．目下の者が目上の者に対して使うことはありません．動作だけで使う場合と，ことばを伴う場合があります.

comparison 日本人との比較

日本人も会話の終わりに部下を激励する意味や(cf.J-71)，「やったね！」と相手の健闘を称えたりするとき(cf.J-72)に使います.

肩
SHOULDER

A-66. SHRUG
肩すくめ

action 動作

両肩を上げると同時にひじを軽くまげ,手のひらを相手の方に開いてみせる.これが標準型だが,手の動きを伴わないこともある.反対に肩の動きに加えて,ひじを伸ばしたまま両手を大きく開いて見せる大きなしぐさもある.動作が大きくなるにつれて意味も強調される.

meaning 意味

①知らない.分からない.

❏ なかなか来ない待ち人のことを,グループの1人が心配すると,もう一人が「さあ」と両肩をすくめる. "I wonder what happened to him?"(何かあったのかなあ) "*I don't know.*"(分からない)

❏ マットが恋人の家に招かれ,彼女の家族と食事をする.マットが彼女の父親の質問に対し, "I don't know."と言いながら両肩をすくめる.

Father: "Why should a boy who wants to be a doctor marry my daughter?"
Matt: "*I don't know.*"

父親:「医者になろうっていう青年が,どうしてうちの娘と結婚しなくてはならないんだ?」
マット:「さあー」

— *Yesterday* —

②無関心.どうでもいい.

❏ 息子が出かけるのを快く思っていない母親が,「夕食はどうするの?」と聞く.息子はただ肩をすくめて返答する.

❏カートが，自分の一目ぼれした女性がどこへ行ったしまったか捜している．カートの質問に友人が「さあね」と言う感じで肩をすくめる．

Kurt: "Where is dazzling beauty I've been searching for all of my life?"

John: (Shrugs)

カート：「ぼくがずっと捜し求めていた，あの目もくらむような美人は一体どこにいるんだ？」

ジョン：（肩をすくめる）

— *American Graffiti* —

❏リーダーがカートの名前をカールと間違えて覚えていたので「ちょっと違うんだ．まあ，いいけど」という意味で両肩を上げる．

— *American Graffiti* —

③**あきらめ．しかたがない．**

❏キッチンでジョーイの父親と母親と兄がジョーイの病状について話をしている．父親が話の途中で，仕方がないというように肩をすくめる．

Father: "We figured as long as Joey was kept alive, we'd have hope." (Shrugs)

父親：「私たちには，少なくともジョーイが生きている限りは，希望があるということだ」（肩をすくめる）

— *Something for Joey* —

④**あきれる．**

＊なんと言ってよいやら．適当なことばが見つからないとき．

❏動物園でベンとイレインが口げんかをしている．イレインが怒りながら「もう，何と言っていいか分からないわ」と言って，両肩を上げ，同時に両眉も上げる．

Elaine: "Benjamin, you're... I don't know what to say."
(Small shrug with raised eyebrows)

イレイン：「ベンジャミン，あなたったら…，何と言ったらいいか分からないわ」（眉を上げながらちょっと肩をすくめる）

— *The Graduate* —

⑤**不確かなこと．多分．**

❏テリーとデビーとジョンが話をしている．スティーブがバーガーキングに行くと言うと，テリーが「多分ローリーがいるよ」と言って，首を左にかしげて左肩を上げる．

Steve: "I think I'll go over to Burger King."
Terry: "Yeah, *yeah, Laurie's probably* over there.
スティーブ：「バーガーキングに行こうと思うんだけど」
テリー：「そう，そうだね，多分ローリーがいるだろうしね」

— *American Graffiti* —

usage 使われ方

意味①，③，④，⑤

使用頻度	性別	年齢	親密度	上下関係	品位	ことばとの関係
◎	MF	AC	—	—	N	G/G+S

意味②

使用頻度	性別	年齢	親密度	上下関係	品位	ことばとの関係
◎	MF	AC	—	L→H×	N	G/G+S

M:MALE F:FEMALE A:ADULT C:CHILD H:HIGH L:LOW N:NORMAL
C:CASUAL G:GESTURE S:SPEECH

> 日常よく使う動作．男女とも大人も子供も使います．意味②は目下の者が目上の者に対して使うと失礼に当たりますが，その他の意味では特に親密度，上下関係について制限はありません．人と話をする距離で用います．動作だけで使う場合と，"I don't know."（意味①），"I don't care."（意味②）などのことばとともに使う場合とがあります．

comparison 日本人との比較

日本人も肩をすくめることはありますが，アメリカ人のように使用頻度が高いわけではありません．「さあね」「お手上げだ」「わけが分からない」などの意味で使うときは，むしろ「広げた両手」のほうを使うでしょう(cf.J-34)．

A-67. BARED TEETH
むき出し歯

action 動作

上の歯と下の歯をかみ合わせ，唇の両端に力を入れて横に開き歯を見せる．けわしい顔の表情を伴う．

meaning 意味

①怒り．

＊けんかをしたときなどに，相手に対してかなり怒っていることを示す．

❏けんか中のスティーブとローリーが，学校のダンスパーティーで顔を合わせる．スティーブがローリーに話しかけるが，機嫌の悪い彼女は怒ってスティーブに向かって歯をむき出す．

Laurie: "Get your cooties off me!" (Baring teeth)
ローリー：「さわんないでったら！」（歯をむき出す）

— *American Graffiti* —

②非常に悔しい．

＊自分の試みが失敗して，非常に悔しいときなどに，その自分に対する悔しさを表す．

❏ゴルフの試合に負けたプレーヤーが悔しくて，噛み合わせた歯を見せる．

③痛みを我慢する．

＊足を折って医者にみてもらっているときなど．

296

usage 使われ方

意味①

使用頻度	性別	年齢	親密度	上下関係	品位	ことばとの関係
△	MF	AC	—	L→H×	L	G+S

意味②, ③

使用頻度	性別	年齢	親密度	上下関係	品位	ことばとの関係
△	MF	AC	—	—	C	G

M:MALE F:FEMALE A:ADULT C:CHILD H:HIGH L:LOW N:NORMAL
C:CASUAL G:GESTURE S:SPEECH

> 時々使う程度の表情．男女とも，大人も子供も使います．意味①の怒りを表す場合は，目下の者が目上の者に対してすべきではなく，品位もあまりよくありません．意味①では，相手にかなり接近して，激しい怒りのことばとともに使います．意味②③は動作のみで使うことが多いです．

comparison 日本人との比較

意味①は日本人から見れば，あまりにも露骨な怒りの表現に思えます．意味②③の場合も，日本人は歯をむき出しにするのではなく，口をきっと横に結んだり，唇を噛んだりします．

A-68. STICKING OUT TONGUE
舌出し

action 動作

舌を下唇より出るくらい出す．
WRINKLING NOSE (A-63) といっ
しょに使われることもある．
*"raspberry"（舌を両唇にはさんで
振動させる野次で，軽蔑・冷笑を表
す．"Bronx cheer"とも言われる）
に似ているが，"raspberry"では"ブ
ー"という非常に大きな軽蔑的な音を
出すのに対し，この動作では音は出
さない．

meaning 意味

① 相手をからかう．

❏ 車の中でキャロルとジョンが話を
している．ジョンがキャロルのいたずらに怒ったので，それに対してキャロ
ルが舌を出す．

John: "... and I ain't having no accident just because of you."
Carol: (Sticks tongue out quickly at him)

ジョン：「きみのせいで事故を起こしたくないのさ」
キャロル：（すばやく舌を出す）

— *American Graffiti* —

usage 使われ方

使用頻度	性別	年齢	親密度	上下関係	品位	ことばとの関係
△	MF	C	—	L→H×	L	G

M:MALE F:FEMALE A:ADULT C:CHILD H:HIGH L:LOW N:NORMAL
C:CASUAL G:GESTURE S:SPEECH

> 小学生のよく使う動作．大人はほとんど使いません．子供のからかいの動作としては，WIGGLING FINGERS ON HEAD(A-40)よりもよく使います．意味は同じです．子供同士では親しくても親しくなくても使いますが，まれに大人が使うときには，冗談の意味で使うので，親しい間柄の人にのみ使います．品位は低く，子供がこの動作をすると，非常に下品であるとして，親にひどく叱られます．動作のみで使います．

comparison 日本人との比較

日本では子供が「あっかんべえ」といって相手をからかうときや，若い女性が「しまった」と何か失敗したときに使います(cf.J-73).

A-69. SCRATCHING TEMPLE/EAR
こめかみ／耳掻き

action 動作

こめかみのあたりや耳の端を，人差し指または人差し指と中指でこするようにする．考えている表情を伴う．

meaning 意味

考え事をしている．

*自分のことや相手のことについて考えているときにする．かなり広い範囲の内容を考えるときにするが，特にものごとに対する解決法を探しいているようなときに多く使う．

❏キッチンで夫が妻に，息子のジョンが野球チームをやめようかと思うと相談してきたことについて，話をしている．話しながら，夫は右手を耳にやり，掻くように手を動かす．

Husband: "*I don't think I've ever known John to quit.*"

夫：「私が知っている限りでは，ジョンはやめると言ったことはない」

— *Something for Joey* —

usage 使われ方

使用頻度	性別	年齢	親密度	上下関係	品位	ことばとの関係
○	MF	A>C	—	—	N	G/G+S

M:MALE F:FEMALE A:ADULT C:CHILD H:HIGH L:LOW N:NORMAL
C:CASUAL G:GESTURE S:SPEECH

男女とも使います．大人も子供も使いますが，大人のほうが多く使います．品位は「普通」．動作のみで使われる場合と，ことばを伴う場合があります．

comparison 日本人との比較

これに似た日本人の動作としては，人差し指を軽く曲げて，こめかみのあたりに持っていくものがあります(cf.J-74)．

日本人のボディートーク項目一覧および関連項目対照表

●J- 日本人　◆A- アメリカ人　◇BT-D. モリス (D.Morris)『ボディートーク——世界の身ぶり辞典』より.

【腕 ARM】
- ●J-1 両腕交差　◆A-1 SWEEPING CROSSED ARMS　◇BT-380/391/652/653
- ●J-2 腕組み (＋怒った顔)　◇BT-13
- ●J-3 腕組み (＋深刻な顔)　◇BT-13
- ●J-4 時計を見る

【背 BACK】
- ●J-5 後ろ手　◇BT-12
- ●J-6 背を向ける

【額 BROW】
- ●J-7 額に手をやる　◆A-2 HAND TO BROW　◇BT-283〜286
- ●J-8 額を叩く　◆A-3 SLAPPING BROW　◇BT-282/287〜292
- ●J-9 額を掻く　◇BT-285/286/293
- ●J-10 冷や汗を拭く

【頬 CHEEK】
- ●J-11 頬づえ (＋憂鬱(ゆううつ)顔)　◇BT-61/62/96/411
- ●J-12 頬づえ (＋笑顔)　◇BT-61/62/96/411
- ●J-13 ふくれっ面　◆A-7 PUFFED CHEEKS/A-54 POUT ◇BT-470
- ●J-14 片手を頬に当てる

【胸 CHEST】
- ●J-15 胸に手を当てる　◆A-8 PALM TO CHEST　◇BT-67〜71
- ●J-16 胸の前で手を合わせる (＋笑顔)◇BT-551-554

【あご CHIN】
- ●J-17 あごに手をやる　◆A-10 RUBBING CHIN　◇BT-21/22/82/84/91〜95
- ●J-18 あごをさする　◆A-10 RUBBING CHIN　◇BT-21/22/82/84/91〜95
- ●J-19 あごを上げる　◆A-45 HEAD TOSS　◇BT-87/89/401/413/414

【耳 EAR】
- ●J-20 聞き耳を立てる　◇BT-112/127

【目 EYE】
- ●J-21 泣く (両手で顔を覆う)　◆A-15 CRYING　◇BT-168/169
- ●J-22 泣く (片手で涙をぬぐう)　◆A-15 CRYING　◇BT-168
- ●J-23 泣く (ハンカチを目に当てる)　◆A-15 CRYING　◇BT-168

【指 FINGER】
- ●J-24 OK サイン　◆A-19 OKAY SIGN　◇BT-197/340〜346
- ●J-25 おちょこ手　◇BT-309/605/621
- ●J-26 親指で指す　◇BT-606/612/613
- ●J-27 人差し指を相手に向ける　◆A-22 SHAKING INDEX FINGER　◇BT-230/245/246/258/260
- ●J-28 指差す (近く)　◆A-23 POINTING INDEX FINGER　◇BT-245/246
- ●J-29 指差す (遠く)　◆A-23 POINTING INDEX FINGER　◇BT-245/246
- ●J-30 人差し指を立てる　◇BT-235/444/445
- ●J-31 小指を立てる　◇BT-446〜450
- ●J-32 指で数える

【手 HAND】
- ●J-33 両手を左右に振る　◆A-36 WAVE　◇BT-310/311
- ●J-34 両手を広げる (＋怒った顔)　◆A-66 SHRUG　◇BT-392/393/561/562/570
- ●J-35 両手を広げる (＋笑顔)　◇BT-14〜16/216
- ●J-36 両手で空中を押す　◇BT-534/555/556/559

- J-37 両手を上下に動かす
- J-38 合掌　◇BT-551〜554
- J-39 両手を合わせる　◇BT-182/183/378/388/551〜554
- J-40 こぶし叩き　◇BT-212/537〜539
- J-41 もみ手　◆A-30 RUBBING HANDS　◇BT-557/563
- J-42 受話器を両手で持つ
- J-43 両手で飲み物をつぐ（お酒）
- J-44 片手を上げる　◆A-36 WAVE　◇BT-3〜6/190〜192/373〜376
- J-45 片手で拝む
- J-46 手刀　◇BT-301〜302/332
- J-47 止め手　◆A-37 "STOP" HAND　◇BT-544/556/559
- J-48 払い手　◆A-38 DISMISSIVE WAVE　◇BT-315

【頭 HEAD】
- J-49 首筋に手をやる　◇BT-474/475/478
- J-50 頭に手をやる　◇BT-295〜298/412
- J-51 頭を掻く　◇BT-407
- J-52 頭を抱え込む　◆A-41 HEAD IN HANDS
- J-53 首振り（＋悲しい顔）　◆A-42 HEAD SHAKE　◇BT-408/409
- J-54 お辞儀（丁寧）　◇BT-422/425/435/646
- J-55 押し頂く
- J-56 頭をなでる　◇BT-404

【腰 HIP】
- J-57 腰に手を当てる　◇BT-10/11
- J-58 椅子に腰かける（両ひざに手）　◆A-47 SITTING ON A DESK/A-48 CROSSED LEGS/A-49 FEET ON FURNITURE　◇BT-222/424/432〜434
- J-59 椅子に腰かける（手先，足先をそろえる）　◆A-47 SITTING ON A DESK/A-48 CROSSED LEGS/A-49 FEET ON FURNITURE　◇BT-220/432〜434/436

【脚 LEG】
- J-60 正座　◇BT-30/31/422/425/435
- J-61 しゃがみこむ
- J-62 直立姿勢　◇BT-420
- J-63 直立不動　◇BT-420

【口 MOUTH】
- J-64 口に手をやる（＋笑顔）　◆A-59 COVERING MOUTH　◇BT-466
- J-65 口に手をやる（＋驚いた顔）　◆A-59 COVERING MOUTH　◇BT-466
- J-66 こぶしで口を覆う　◆A-60 FIST TO MOUTH　◇BT-213/468
- J-67 口元に手を添える（ひそひそ話）
- J-68 口元に手を添える（呼びかけ）
- J-69 口元に手をやる　◆A-61 FINGER BESIDE MOUTH　◇BT-468/469/473

【鼻 NOSE】
- J-70 鼻を指差す　◆A-9 POINTING TO CHEST　◆A-62 HAND TO NOSE　◇BT-68/69/72/496〜499/517/518

【肩 SHOULDER】
- J-71 肩を叩く　◆A-65 PATTING SHOULDER　◇BT-568
- J-72 肩を勢いよく叩く　◆A-65 PATTING SHOULDER　◇BT-568

【舌 TONGUE】
- J-73 舌を出す　◆A-68 STICKING OUT TONGUE　◇BT-134/635〜639

【こめかみ TEMPLE】
- J-74 こめかみを掻く　◆A-69 SCRATCHING TEMPLE/EAR　◇BT-123/584/585

アメリカ人のボディートーク項目一覧および関連項目対照表

◆ A- アメリカ人　● J- 日本人　◇ BT-D. モリス（D.Morris）『ボディートーク——世界の身ぶり辞典』より.

【ARM 腕】
◆ A-1 SWEEPING CROSSED ARMS　● J-1 両腕交差　◇ BT-380/391/652/653

【BROW 額】
◆ A-2 HAND TO BROW　● J-7 額に手をやる　◇ BT-283〜286
◆ A-3 SLAPPING BROW　● J-8 額を叩く　◇ BT-282/287〜292

【CHEEK 頬】
◆ A-4 RUBBING CHEEK
◆ A-5 PATTING CHEEK　◇ BT-410
◆ A-6 PRESSING CHEEK
◆ A-7 PUFFED CHEEKS　● J-13 ふくれっ面

【CHEST 胸】
◆ A-8 PALM TO CHEST　● J-15 胸に手を当てる　◇ BT-67〜71
◆ A-9 POINTING TO CHEST　● J-70 鼻を指差す　◇ BT-68/69/72/496〜499

【CHIN あご】
◆ A-10 RUBBING CHIN　● J-17 あごに手をやる /J-18 あごをさする　◇ BT-21/22/82/84/91〜95

【EYE 目】
◆ A-11 LOOKING AT CEILING　◇ BT-164
◆ A-12 ROLLING EYES
◆ A-13 WIDENED EYES　◇ BT-167
◆ A-14 NARROWED EYES
◆ A-15 CRYING　● J-21 泣く（両手で顔を覆う）/J-22 泣く（片手で涙をぬぐう）/J-23 泣く（ハンカチを目に当てる）　◇ BT-168

【EYEBROW 眉】
◆ A-16 KNITTED EYEBROWS　◇ BT-153

【FINGER 指】
◆ A-17 LIFTING TWO FINGER　◇ BT-371/372
◆ A-18 CROSSED FINGERS　◇ BT-177〜179
◆ A-19 OKAY SIGN　● J-24 OK サイン　◇ BT-340〜346
◆ A-20 THUMBS DOWN　◇ BT-610
◆ A-21 THUMBS UP　◇ BT-615〜619
◆ A-22 SHAKING INDEX FINGER　● J-27 人差し指を相手に向ける　◇ BT-230/258
◆ A-23 POINTING INDEX FINGER　● J-28 指差す（近く）/J-29 指差す（遠く）　◇ BT-245/246/260
◆ A-24 LIFTING INDEX FINGER　◇ BT-248〜251
◆ A-25 THE FINGER　◇ BT-457/459
◆ A-26 DRUMMING FINGERS　◇ BT-199

【HAND 手】
◆ A-27 PUNCHING FIST　◇ BT-201〜211
◆ A-28 SHAKING FIST　◇ BT-201〜211
◆ A-29 HAND ARCH　◇ BT-187
◆ A-30 RUBBING HANDS　● J-41 もみ手　◇ BT-557/563
◆ A-31 HANDSHAKE　◇ BT-358〜363/379
◆ A-32 HOLDING BOTH HANDS　◇ BT-361
◆ A-33 APPLAUSE
◆ A-34 CLAPPING HANDS
◆ A-35 BECKON　◇ BT-173/231/299/300
◆ A-36 WAVE　● J-33 両手を左右に振る /J-44 片手を上げる　◇ BT-190〜192/310/311/373〜376

304

◆ A-37 "STOP" HAND　●J-47 止め手　◇BT-544/556/559
◆ A-38 DISMISSIVE WAVE　●J-48 払い手　◇BT-315
◆ A-39 KNOCK

【HEAD 頭】
◆ A-40 WIGGLING FINGERS ON HEAD　◇BT-125/132/134/515/516/587/588
◆ A-41 HEAD IN HANDS　●J-52 頭を抱え込む
◆ A-42 HEAD SHAKE　●J-53 首振り（＋悲しい顔）　◇BT-408/409
◆ A-43 HEAD TILT　◇BT-90/401
◆ A-44 NOD　◇BT-403
◆ A-45 HAED TOSS　●J-19 あごを上げる　◇BT-87/89/401/413/414

【HIP 腰】
◆ A-46 SPANKING　◇BT-40
◆ A-47 SITTING ON A DESK　●J-58 椅子に腰かける（両ひざに手）/J-59 椅子に腰かける（手先，足先をそろえる）◇BT-432～434

【LEG 脚】
◆ A-48 CROSSED LEGS　●J-58 椅子に腰かける（両ひざに手）/J-59 椅子に腰かける（手先，足先をそろえる）　◇BT-222/432～434/436
◆ A-49 FEET ON FURNITURE　●J-58 椅子に腰かける（両ひざに手）/J-59 椅子に腰かける（手先，足先をそろえる）　◇BT-222

【MOUTH 口】
◆ A-50 KISS　◇BT-51/219/328/439
◆ A-51 FINGERTIP KISS　◇BT-194～196/533
◆ A-52 LICKING LIPS　◇BT-441/639
◆ A-53 WHISTLE
◆ A-54 POUT　●J-13 ふくれっ面◇BT-470
◆ A-55 TIGHTENED LIPS
◆ A-56 SUCKING UPPER LIP
◆ A-57 BITING LOWER LIP　◇BT-437
◆ A-58 CHEWING FINGERNAILS/THUMB　◇BT-232～235/255/256/473/575/576
◆ A-59 COVERING MOUTH　●J-64 口に手をやる（＋笑顔）/J-65 口に手をやる（＋驚いた顔）　◇BT-466
◆ A-60 FIST TO MOUTH　●J-66 こぶしで口を覆う　◇BT-213/468
◆ A-61 FINGER BESIDE MOUTH　●J-69 口元に手をやる　◇BT-468/469/473

【NOSE 鼻】
◆ A-62 HAND TO NOSE　●J-70 鼻を指差す　◇BT-496～499/517/518
◆ A-63 WRINKLING NOSE　◇BT-520/526

【SHOULDER 肩】
◆ A-64 ARM AROUND SHOULDER
◆ A-65 PATTING SHOULDER　●J-71 肩を叩く/72 肩を勢いよく叩く　◇BT-568
◆ A-66 SHRUG　●J-34 両手を広げる（＋怒った顔）　◇BT-392/393/470/561/562/570

【TEETH 歯】
◆ A-67 BARED TEETH　◇BT-437

【TONGUE 舌】
◆ A-68 STICKING OUT TONGUE　●J-73 舌を出す　◇BT-134/635～639

【TEMPLE こめかみ】
◆ A-69 SCRATCHING TEMPLE/EAR　●J-74 こめかみを掻く　◇BT-123/584/585

身ぶりと異文化理解

東山　安子

　2015 年に外国からの訪日観光客が飛躍的に増えたことから，コミュニケーションに必要な各国語の知識に加えて，身ぶり（ジェスチャー）についての関心も高まってきました．身ぶりには，人間としての共通部分もあることから，言語の違いを超えて世界の人々のコミュニケーションを円滑にする役割を担っています．しかし，共通面を前提に考え過ぎると，文化や地域による違い，男女による使い方の違い，年齢層による理解の仕方の違い，状況による意味の違い，そして個々人の身ぶりの使い方の違いなどを見逃しがちです．その結果，相手の真意を受け取れなかったり，誤解が生じたりすることにもなります．国際的な場で意思疎通を図るには，英語やスペイン語，中国語などの外国語を学ぶことが大切であるのと同様に，言語に伴う身ぶりを理解することもそれに劣らず大切なことです．

　無意識にされることの多い身ぶりについて，基本的な事項をまとめてみました．「身ぶりとは？」「身ぶりと言語の違い」「身ぶりの変яや」「身ぶりと顔の表情等の組み合わせによる意味の違い」「身ぶりの辞書の信頼性」「身ぶりと異文化理解」について，以下に概略を解説します．

1．身ぶりとは？

1.1．ボディートーク

　まずはじめに，本書のタイトルにも使っている「ボディートーク」ということばについて説明しましょう．「ボディートーク（Bodytalk）」という用語は，動物行動学者であるデズモンド・モリス（Desmond Morris）が，自著 *BODYTALK: A World Guide to Gestures*（1994）の書名として用いたモリス自身による造語です．「ボディートーク」という用語には，身ぶり，手ぶり，目の動き，顔の表情，姿勢などの人間の身体の動きが，ことばを話すのと同様にトークしているのだという彼のメッセージが含まれているように思います．

　一般に，人間が言語を話すことは，他の動物に比べて特徴的であるかのように言われますが，モリスは「ボディートーク」も人間に特有なものだと言います．まず，人間は二本足で立ったことで「手」をコミュニケーションの手段として使

えるようになり，片手，両手，それぞれの指で，さまざまな意味や感情を伝える
ようになりました．さらに，人間の顔は動物の中で最も豊かな表情を作ることが
できるため，複雑な気持ちや感情を伝えることが可能なのだと言います．手ぶり，
顔の表情に加えて，姿勢や身体全体，足などを使った動作を組み合わせることも
できます．モリスに言わせれば，人間は「言語＋ボディートーク」を使って日々
コミュニケーションをしているというわけです．

1.2. 身ぶりはどうやって獲得されるのか

　次に，身ぶりはどのようにして獲得されるのかを見てみましょう．モリスは，
動作 (Actions) がどのように獲得されるのかについて，次の五つの分類を示して
います．

　一つ目は，赤ちゃんが生まれてすぐに母乳を飲もうとするなど，遺伝的に継
承されていて学ぶ必要のない「生得動作 (Inborn Actions)」．二つ目は，身体
を動かしているうちに自分で腕は組めるものだと自己発見するような「発見動
作 (Discovered Actions)」．三つ目は，社会の中で立ち方や身のこなし等を仲間
を真似するうちに獲得する「同化動作 (Absorbed Actions)」．四つ目は，訓練
しないとできない，握手やウィンクや，指を鳴らす，口笛を吹くなどの「訓練動
作 (Trained Actions)」．五つ目は，これまでの四つの動作である，遺伝的継承，
自己発見，社会的同化，計画的訓練のいくつかが混合した「混合動作 (Mixed
Actions)」です．

　この五つを見ると，「訓練動作」以外は他者に教わらない動作で，人間として
生まれつきのものであったり，一人一人の属する文化の中で無意識に身につくも
のであったりします．この「無意識に身につく」という点が，身ぶりの大きな特
徴です．

1.3. 機能から見た身ぶりのいろいろ

　身ぶりにはどのような機能があるのでしょう．アメリカの心理学者である エッ
クマンと フリーゼン (P. Ekman & W.V. Friesen) は，次の五つの身ぶり (Nonverbal
Behavior) の分類を示しています．

■ 語彙の代わりになる身ぶり

　語彙の代わりになる身ぶりは「語彙的動作 (Emblems)」と名付けられています．
人差し指を 1 本出せば数字の「1」，人差し指と中指を出せば「2」という指文字

も語彙的動作です．相手が遠くに離れていて声が届かないとき，両腕で丸を作って「OK」の意味を示したり，図書館などの静かにすべき場所で声が出せないとき，人差し指を口に当てて「静かに」のサインとして使ったりします．

■ ことばを補足したり強調する身ぶり

　ことばを補足したり，ことばを強調する機能を果たす身ぶりは「例示動作（Illustrators）」といいます．例えば，「昨日頂いた花束はこんなに大きくて」と言いながら両手で花束の大きさを表したり，「こんな形のブローチを買ったの」と指で形を示すなど，身ぶりは大きさや形を補足できます．道順を聞かれて手で方向を指し示せば，方向を手ぶりで補ったことになります．また，演説の途中で机を拳でドンと叩いて強調したり，相手を説得するときに両手を動かしたりする身ぶりも含まれます．

　例示動作は，身ぶりだけでは意味が伝わりません．ことばと一緒になって機能します．テレビの討論番組で音声を消すと，手ぶりが活発に動いているのに気づくでしょう．手の振り方で，強調したり，熱弁をふるったりしている様子はわかりますが，内容は音声がないとわかりません．ことばを使うと自然にそれを補う形で行われるのが，例示動作です．

■ 感情を表す顔の表情と身ぶり

　感情を表す身ぶりは「感情表出動作（Affect Displays）」といいます．怒り，喜び，悲しみ，驚き，恐れ，嫌悪などを表す顔の表情は，さまざまな気持ちを伝えます．これらは人間が共通にもっている感情ですが，それをどういう状況で，どのように表すかということになると，文化ごとに「表出ルール（Display Rules）」が異なってきます．例えば，お葬式で忍び泣くのを良しとする文化もあれば，大声で泣き叫ぶことで真の悲しみを表すという文化もあります．同じ悲しみを表すにも「泣き方」が異なるわけです．また，それぞれの感情が強くなってくると，怒って足を踏みならす，喜んで飛び上がる，悲しんで肩を落とすなど，身体全体の身ぶりが加わってきます．このときに，どのような身ぶりが加わるかも文化によって異なる場合があります．

■ どちらが話すかを調整する身ぶり

　複数の人が話をするときに，誰が話すかを調整する身ぶりを「発話調整動作（Regulators）」といいます．会議では議長や司会者がいて，発言を希望する人が

挙手し指名されてから発言します．ところが，二〜三人で話しているときには司会者や議長はいませんから，「うーん」と声を出したり，相手に視線を向けて発言したい気持ちを伝えます．同時に話し始めてしまったら，「どうぞ」と言ったり，片手を相手の方に差し出して譲ったりします．この発言権の調整をする身ぶりは，ことばのやりとりの交通整理をする役割を果たします．

■ 緊張感やいらいらを整える身ぶり

　緊張したりいらいらしたりするときに，自分の気持ちを無意識のうちに整えようとする身ぶりを「状況適応動作（Adaptors）」といいます．例えば，面接の順番が近くなって緊張すると，ネクタイに手をやったり，ハンカチを折り畳んだり，咳払いをしたりします．PC の立ち上がりが遅くて指先で机をトントン叩いたり，レストランの注文がいつまでもこなくて貧乏ゆすりをしたりというのも，無意識のうちに自分の気持ちが身ぶりに表れているのです．自分の気持ちを整えるために無意識にしている身ぶりではありますが，相手が気づけばこちらの気持ちを読み取られることもあります．

2．身ぶりと言語の違い

　身ぶりと言語の違いを認識しておくことは，とても重要です．身ぶりにも一定の意味があることに気づくと，言語のように意味が明確にあってそれを簡単に読み取れるのではないかと考えがちです．しかし，身ぶりの表す意味はもっと曖昧で，さまざまな変異もあり，個人差もあります．言語と一口に言っても世界にはさまざまな言語がありますから，ここでは日本語の場合を例にとってみましょう．日本語の場合は詳細な辞書も多数あり，それぞれの語彙が何を意味するのかは比較的はっきりしています．また，言語として機能するために，語彙があるだけではなく文法があって，文章が作れ，抽象的な考えも伝えられます．さらに，文化審議会国語分科会という日本語を統括する組織があり，常用漢字表や現代仮名遣いなどの国語政策についての提言を行っています．日本語は，身ぶりのように無意識のうちに身につくものではなく，国語として義務教育で意識的に教えられます．

　一方の身ぶりは，指し示す意味の明確さにおいてさまざまな段階があり，言語と同様には考えられません．以下では，身ぶりの中でも言語に近いものから順に，どこが言語と違うのかを見ていきましょう．

■ 手話 —— コードジェスチャー

モリスは,「ジェスチャーとは,見ている人に視覚信号を送り出すあらゆる動作のことである. ジェスチャーとなるためには,動作が他人に見られている必要があり,何らかの情報が伝達されていなければならない」と言っています.

その中でモリスが「コードジェスチャー(Coded Gestures)」と名付けたものは一定の体系に基づいたサイン言語で,手話(Sign Language)などがこれにあたります. 手話には文法もあり,手ぶり身ぶりや顔の表情を使った「言語」と言えます. アメリカ手話,フランス手話,日本手話などがあり,獲得するには教育を受けて意識的に学ぶ必要があります. 日本には,手話表現方法についての研究・造語を行う「日本手話研究所」があり,厚生労働省からの委託を受けて,標準手話の確定・普及に取り組んでいます.

■ 専門ジェスチャー

語彙に近いジェスチャーの種類として,少数の専門家だけが使うものを,モリスは「専門ジェスチャー(Technical Gestures)」と名付けています. これは,消防士や空港の滑走路の誘導員,ダイバー,クレーンの操縦士などが,言語を使えない状況で交わす専門的なジェスチャーであり,その指し示す意味が明確に決められています. 誤って読み間違えば事故にもつながる危険性がありますから,習得するには学ぶ必要があります. しかし,この専門ジェスチャーは単なる語彙のレベルであることが多く,文法があるわけではないので,言語とは言えません.「止まれ」「助けてくれ」といった,特定の状況で必要なことばがジェスチャーになっているのです.

■ ベビーサイン

「ベビーサイン(Baby Signs)」は,まだことばを話せない赤ちゃんとコミュニケーションをとるための身ぶりです. アメリカの心理学者であるアクレドロとグッドウィン(Linda P. Acredolo & Susan W. Goodwyn)が,一歳の頃から手ぶりで何かを伝えてくるアクレドロの娘の様子に気づいたことをきっかけに,研究を始めました.

ベビーサインは赤ちゃん自身が作り出した身ぶりを読み取って使うこともできますし,親子で共通サインを覚えて意思疎通に使うこともできます. 何かことばを言うたびに身ぶりを一緒にやって見せると,そのうちに赤ちゃんは理解して真似するようになります.「おっぱい」「水」「痛い」「熱い」「美味しい」などの共

通のサインを習えば，周囲の大人は自分の子どもだけでなく，他の赤ちゃんのサインも受け取れるようになります．

このサインは，赤ちゃんがことばを話すようになると次第に入れ代わって消えていくので，大人になっても使う語彙的動作とはこの点が異なります．赤ちゃんと周囲の人の，一時的ではありながらとても素晴らしいコミュニケーション手段と言えましょう．

■ 語彙的動作

「語彙的動作（Emblems）」（cf. 1.3）は，語彙の代わりになるもので，言語に翻訳可能な動作です．言語のように学校で教わるものではなく，社会の中で無意識に真似しながら覚えていくので，文化や地域によって特徴的なものも見られます．日本人は鼻を指差せば「私」を意味し，手首を交差させれば「否定」を表しますが，この身ぶりの意味は欧米では通じません．また，日本人なら皆同じように理解するかと問われても断言はできません．詳しくは後述しますが，「地域差」「年齢差」「男女差」「状況差」といった変異の影響が言語以上に大きく，これらに加えて「個人差」もあるからです．

ここまで見てきたものは，少なくとも語彙レベルでは言語の代わりに成り得るものでした．しかし，エックマン等の五つの身ぶりの分類の中では，語彙的動作以外は言語の代わりではなく，言語と相補関係にあるものです．例示動作は，ことばを補うべく自然に表出する身ぶりです．感情表出動作は，ことばとともに使われることで気持ちをより深く伝えます．発話調整動作は，ことばのやり取りの交通整理として機能しますし，状況適応動作は，気持ちが身体からにじみ出ている動作です．これらの動作には，以下に説明するように身ぶりの変異も多く見られます．

3. 身ぶりの変異（Gesture Variants）：文化差，地域差，男女差，年齢差，状況差，個人差

言語の場合，一つのことばの意味は複数あったとしてもかなり明白であり，それだからこそ詳細な辞書が作成できます．しかし，身ぶりはその変異（Variants）が多く存在しており，それらに対する調査には未だに手が付けられていないのが

現状です．身ぶりにどのような変異があるか，具体的に見ていきましょう．

■ 文化差

　身ぶりは文化によって異なります．例えば，あいさつをするときに，日本では
お辞儀をしますが，欧米では男性同士は握手します．お互いの鼻を擦り合わせて
あいさつする人たちもいます．あいさつの場面で交わされることばが異なるよう
に，身ぶりもさまざまに異なります．

　同じジェスチャーでも，所変われば意味することが変わることもあります．例
えば，人差し指と中指を交差するジェスチャーは，欧米ではキリスト教の十字架
が転じて「幸運を祈る」意味になりますが，日本の若者たちは子どもの頃「えん
がちょ」の意味で使ったといいますし，中国では指文字で「十」という数字を表
す地域もあります．

　また，文化圏も「欧米」を一括りに英語圏として扱うわけにはいきません．Ｖ
サインはアメリカでは手の向きに関わらず「勝利」を意味しますが，イギリスで
は手の向きによって，「勝利」になったり「侮辱」のサインになったりします．
モリスの調査によれば，この手の甲を相手に向けるＶサインが侮辱を意味するの
は，ヨーロッパの中でもイギリスに特有な傾向であるといいます．日本では，もっ
ぱら写真を撮るときのポーズで，その時に「ピース」と言うことから「ピースサ
イン」ともいいます．モリスはＶサインの意味として「平和」を載せてはいま
せんが，ベトナム戦争のあった「1960年代にアメリカのヒッピーたちが，勝利
を表すＶサインを，より一般化して平和のしるしとして引き継いだ」という説を
『ジェスチュア』（*Gestures* 1979）に紹介しています．

　身ぶりの文化差は，国単位で一致するわけではありません．モリスの辞典には，
キリスト教文化圏やアラブ文化圏などの宗教的背景をもつ広範な文化圏が示され
ているものもあります．またアメリカは，日系アメリカ人，アフリカ系アメリカ人，
中国系アメリカ人など，実際にはさまざまな文化的背景をもつ人たちが住んでい
る国であり，便宜上「アメリカ人」と言いますが，実際には一括りにできません．

■ 地域差

　次に，「地域差」に目を向けてみましょう．日本国内のジェスチャーの地域差
については未調査ですが，関西と関東，あるいは北海道や九州など，地域が異
なれば同じ国内でも，ジェスチャーの意味や使い方は異なるであろうと推察できま
す．モリスは，イタリア北部のローマと南部のナポリで否定のジェスチャーが異

なるという地域差を見出し，その境界線を求めるべく詳しい調査を行いました．北部では，日本と同様に首を左右に振りますが，南部では首を後ろに引いて No を表します．こうなると，地域差一つをとっても「イタリア人のジェスチャーでは…」と一括りにできないことは明白です．

■ 男女差

　日本人があいさつするときのお辞儀の仕方に男女差はあまりありませんが，それでも，女性は身体の前で両手を重ね合わせることが多く，男性は特にビジネスの場では，真っすぐ伸ばした腕と手を身体の脇にぴったりつけてお辞儀をする傾向にあります．しかし，日本人のお辞儀は，相手が男性であっても女性であっても同じ動作をします．

　アメリカでは，男性同士は握手，女性同士はハグ，ビジネスでは異性間でも握手をするなど，お互いの性差によって通常は男女ルールが存在します．男性同士はハグもキスも避ける傾向にありますが，握手をしながら相手の腕に手をかけたり，肩を叩き合ったりすることはあります．また，前述のように，一口にアメリカ人といっても文化背景は様々に異なりますし，ヨーロッパではまたルールが異なります．相手に触れるジェスチャーのルールは，かなり複雑なものだと心得ておきましょう．

　モリスは，相手を侮辱するときに使う男性のジェスチャーの多くは，よく知らずに真似をすると事件が起きることにもなりかねないと忠告しています．相手を侮辱するジェスチャーは，ことばによる侮辱よりもさらに意味が強くなることを心に留め置かなくてはなりません．

■ 年齢差

　年配の人の間では理解されるのに，若い世代には理解されない身ぶりがあるかと思えば，その逆もあります．例えば，片手の人差し指の先を曲げると，「物を盗る」とか「泥棒」という意味にとられることがありますが，これは年配層に多く，若者は首をかしげるかもしれません．言語にも若者ことばがあるように，若い人の間では通じるのに，年配の人にはわからないこともあります．若者の間では親指を一本上げれば「いいね」の意味が通じますが，私の子ども時代にはなかった使い方です．むしろ，この動作は「頭（かしら）」「男性」などの意味として使われていました．

　身ぶりには流行もあります．歌の振り付けに使われて一時的に流行するものも

あれば，その後も定着していく身ぶりもあります．また，海外の映画の影響で広まったりすることもあるので，一時的な意味なのかどうなのかは，時代の流れを追って調査する必要があります．

■ 状況差

　親指を一本上げる身ぶりには，前述のように年齢差だけでなく状況による意味の差もあります．学校現場では，親指を上げれば「校長」の意味になると聞きました．両手を交差させて×印を示せば否定の意味になりますが，状況によって「こっちの席は空いていない」「このATMは使えない」などのより詳細な意味を表すことが可能です．

　しかし，その場の状況により意味を推察できることもある一方，たとえ状況があっても意味が読み取れない場合もあります．たとえば日本では，教室で教師にレポートを提出する際，敬意を表すなら両手で直接手渡します．韓国でも両手で手渡しますが，片手で手渡すときは，もう一方の空いている手を差し出した腕に添えることで敬意を表します．それを知らない日本人教師は，なぜ学生が脇を隠しているのかといぶかしく思っただけで，学生の表す敬意には気がつかなかったそうです．このように，自分の知らない身ぶりについては，その場の具体的な状況があったとしても，意味をもつ身ぶりとして受け取れないことが多々あります．

■ 個人差

　ここまで見てきた変異のうち，「文化差」は日本語，英語，フランス語などの言語の違いとも言えますし，「地域差」は方言による違い，「男女差」は男ことば，女ことばの違い，「年齢差」は若者ことばなどであり，そういう面では言語の変異とも並行しています．しかし，言語は国や地域によって異なることが当たり前と考えられているのに対し，身ぶりは，自分で使っているものが普遍的で万国共通と思い込んでいることが多いために，返って誤解を引き起こすことがあります．

　変異の最後は「個人差」です．これは，身ぶりの調査をしていていつも感じてきたことですが，日本人なら誰でもわかるはずと思っても，全員の答えが一致することはありません．さまざまな変異に加え，自分の育ってきた家庭で使わなかった身ぶりについても，「知らない」「使わない」と答えがちだからかもしれません．身ぶりには，言語にはない個人差や多様性があるので，言語と同程度に明確な意味があると考えることはできません．そして，それが身ぶりの特徴であるとも言えましょう．

4．身ぶりと顔の表情等の組み合わせによる意味の違い

　身ぶりは，たとえそれが指一本のジェスチャーであっても，片手でするのか両手でするのか，身体のどの位置でするのか，伴われる顔の表情はどういうものかなどによって，その意味が多様に変化します．また，当然のことながら，相手がどういう人で，どういう場で使われるのかといった周囲の状況によっても，意味は異なります．

■ 片手か両手か
　サインの類で片手で表せるものは，通常は片手でします．例えば，OK サインは，片手の親指と人差し指の先を合わせて丸印を作り，顔の前に出します．親指を一本上げて「いいね」を表す身ぶりは，片手でもしますが，両手でもします．こういう場合は，両手の方がより強調した意味になります．

■ 身ぶりの向きや身体との位置関係
　OK サインは，日本では「お金」の意味でも使われます．この意味で使うときは「お金」ということばを口にしたくないために使うことが多いので，OK の意味で使う場合と違って，あからさまに顔の前に出すことは避ける傾向にあります．「お金を貸して」「今，お金がない」などの意味で使う場合には，相手にだけ見えるようにそっと出すのです．

■ 顔の表情との関係
　多くの身ぶりは，顔の表情とのコンビネーションによって，意味が変わります．例えば，机にほおづえをついていた場合，つまらなそうな顔の表情であれば「退屈」を意味しますが，にこにこしていればリラックスしながら相手の話に興味をもって聞き入っている状態です．
　モリスは，OK サインはフランス南部で「ゼロ」や「価値がない」という意味で用いられることが多く，北端部でのみ「OK」の意味で使われると報告しています．同じフランス国内で OK サインの意味が異なるので混乱をきたしそうですが，顔の表情が笑顔なら「OK」の意味，そうでなければ「価値がない」の意味だと見分けられるといいます．

315

5．身ぶりの辞書の信頼性

　モリスは，*Gestures*（1979）の中で，最終の目標は人類のジェスチャーの百科事典を作ることにあり，そのような研究を進めるには特別の研究所が必要だが，それは未だに存在しないと述べました．それから 23 年経った 2002 年，International Society for Gesture Studies（ISGS）が設立され，学会誌 *Gesture* の発行とともに，世界的に，ジェスチャーの研究が一つの学会の中で多岐にわたって行われるようになりました．

　しかし，ジェスチャーの研究の幅は広く，その中で「身ぶりの辞書」に関連する研究が飛躍的に伸びたわけではありません．言語の辞書については，詳細なもの，特徴のあるもの，改訂したものなどさまざまなものがあり，電子辞書にも分厚い辞書が何冊も入っています．しかし，「身ぶりの辞書」となると，世界的な学会と学会誌ができた今日でも，それほど研究領域として関心をもたれているとは言いがたく，また，記述内容の精度があがってきたとは言えないのが現状です．

　『ボディートーク　世界の身ぶり辞典』の訳者まえがきでも紹介しているように，モリスはオックスフォード大学のジェスチャー地図研究班を率い，予備調査に基づいて選定した 20 のジェスチャーについて，1975 年から 1977 年までの 3 年間，大規模なフィールド調査を実施しました．ヨーロッパ大陸の端から端まで，15 の言語にわたる 25 か国の 40 地点で，29 名の調査員と通訳によって 1200 人のインフォーマントに各々 40 分にもわたる詳細なインタビューを行ったのです．モリス等はこのフィールド調査とともに文献調査も行い，一つ一つのジェスチャーを歴史的にていねいに分析し，その調査結果を *Gestures* にまとめました．それが『ボディートーク　世界の身ぶり辞典』の記述にも生かされているのです．

　このような調査を踏まえた身ぶりの本は現在でも極めて稀で，今後の身ぶりの調査研究の発展に期待したいところです．これまで解説してきたように，身ぶりにはさまざまな変異があるので，ネイティブスピーカーであるからといってアメリカ人やフランス人やイタリア人が，自分の知っているジェスチャーの意味だけを並べても，それは「その人個人のジェスチャー」でしかないとも言えるのです．身ぶりに関する本が少ない現状では，たとえ個々人の知見の集積ではあっても参考にはなりますが，その限界や信頼性も頭に入れておくべきでしょう．

6. 身ぶりと異文化理解

　それぞれの文化圏で，言語に伴う身ぶりはさまざまです．英語を学んだら，身ぶりも英語式に合わせるべく習得するのがよいのでしょうか．英語も日本語も母国語として話せるバイリンガルの人は，言語のスイッチが切り替われば，身ぶりのスイッチも切り替わる人もいるかもしれません．しかし，ごく普通の日本人にとって，英語が堪能になるためには身ぶりも習得すべきということになると，いろいろ問題が出てきます．

　一つ目の問題は，言語と違って，マスターすべき身ぶりがはっきりしないことです．英語式といっても，アメリカとイギリスでは身ぶりが異なります．そして地域差，年齢差，男女差，状況差，個人差もあります．性格がオープンな人が使う身ぶりと，内向的で物静かな人が使うそれとは当然異なりますし，フォーマルな会議で使う身ぶりと，インフォーマルな場だからこそ使える身ぶりとは異なります．これを間違えると，大変失礼なことになり，その感覚を日本で外国語を学んでいる人が獲得して実際に使うのは，なかなか難しい課題でしょう．

　二つ目の問題は，すぐに真似して使えるものと，真似しにくいものがあることです．後者には，性格や習慣によっては使えなかったり，生理的に受け付けられないものもあります．例えば，肩をすくめて「さあね」を意味する身ぶりをすぐに真似て使いこなす人もいれば，そういう身ぶりは自分らしくないと感じて使わない人もいるでしょう．日本人の場合，肌にふれる身ぶりに抵抗を感じる人が多く，握手で相手の手にふれるのも苦手という人はかなりいます．英米人の目から見ると，日本人の握手はしっかり握ってこないので，弱々しく印象がよくないと言われがちですが，こういうこともそれぞれの文化背景を知った上で，お互いが理解すべきことではないでしょうか．

　印象がよいか悪いかは，自文化の側からの一方的な見方であるということに気づく必要があります．英語なら英語式に，日本語なら日本語式にという考え方もありますが，欧米の人の多くが頭を下げることに少なからず抵抗を感じるように，言語に比べて身ぶりは習得しにくい性格のものであることを理解しておくべきでしょう．

　どちらの側の身ぶりをするかという判断は，「こうすべき」という観点からではなく，個人がその場その場で決めることと考えます．ビジネスで欧米の人に会う機会の多い人は，握手をマスターすることの重要性を認識し，欧米流の握手をするかもしれません．友人の指揮者は，海外の演奏会などで外国の人と挨拶する

ことが日常的であったためか，我が家に来てもお辞儀をするのではなく，握手でした．また，最近の異文化コミュニケーションの考え方から言えば，どちらかに合わせるのではなく，双方がそれぞれのやり方を受け入れる，あるいは双方がその場で見出す第三のやり方があっても然るべきとされています．

一方で，相手の文化の身ぶりをよく理解せずに真似するよりは，自国の身ぶりで敬意をもって相対する方がいいとも考えられます．特に，日本を訪れる外国の人たちの中には，日本人らしいコミュニケーションに接することを期待して来る人も多いでしょう．日本の文化にふれたくて日本旅館に泊まったのに，出迎えてくれた主人がていねいなお辞儀の代わりに握手を求めてきたら，随分とその場の雰囲気が変わってしまいますから．

相手の文化や身ぶりをできるだけ理解することが必要だとはいっても，これまで見てきたように，身ぶりに関する完成度の高い辞書はないのが現状です．こういう状況では，実際に海外に出かけるとき，あるいは日本で海外の人を迎えるときにはどうしたらよいでしょう．私は「身ぶりへの感度」を高めておくことが大切だと考えます．何か違和感のある反応が相手から返されたら，問いかける姿勢も必要です．例えば，タイで子どもの頭をなでて「あっ」という反応があれば，何かいけないことをしたかなと感じる感性が必要になるのです．身ぶり手ぶりも世界に行けば異なる可能性があるというアンテナを立てておくことが大切です．

一方で，身ぶり手ぶりは万国共通という側面を上手に「共通語」として使うことも大切です．共通語としては「笑顔」が一番．相手の警戒心や緊張感を解いて仲良くなるのに，「笑顔」は欠かせないものです．

これまで見てきたように，身ぶりは言語とは違い，その意味が明確でないものも多く，文化による違いが顕著です．さらに，性別，年齢，状況，個人など，それぞれが「異文化」とも呼べるような要因によっても，変異が生じます．この個々の「異文化」との関係で生じる変異が，実は身ぶりのおもしろさ，奥深さなのではないでしょうか．そういう意味で，「身ぶりの辞書」とは，一つ一つの身ぶりの意味を確認するための引く辞書でもありながら，個々の身ぶりのもつ文化の香りを味わうための「読む辞書」としても楽しめます．読者の皆さんにも，この解説を基に本書の身ぶりのデータを読み解き，身ぶりのおもしろさに気づいて頂ければ幸いです．

[参考文献]

Ekman, P. & W.V. Friesen (1969), "The repertoire of nonverbal behavior: categories, origins, usage, and coding", *Semiotica* 1

Acredolo , Linda P. & Susan W. Goodwyn (1996), *Baby Signs* (Contemporary Books) (『ベビーサイン —— まだ話せない赤ちゃんと話す方法』たきざわあき訳，径書房，2001)

Morris, D. (1977), *Manwatching: A Field-Guide to Human Behaviour* (Jonathan Cape Ltd., London) (『マンウォッチング』藤田統訳，小学館文庫，2007)

——— (1994), *Bodytalk: A World Guide to Gestures* (Jonathan Cape Ltd., London) (『ボディートーク　世界の身ぶり辞典』東山安子訳，三省堂，1999 [新装版 2016])

——— (2002), *People watching: The Desmond Morris Guide to Body Language,* Vintage Books (Random House, London；Morris 1977 の増補改訂版)

Morris, D., P. Collett, P. Marsh and M. O'Shaughnessy (1979), *Gestures: Their Origins and Distribution* (Jonathan Cape Ltd., London) (『ジェスチュア —— しぐさの西洋文化』多田道太郎・奥野卓司訳，ちくま学芸文庫，2004)

東山安子 (1999),「身ぶりの辞書の試み —— その現状分析と日本人の身ぶりの使用法に関する調査報告」『明海大学外国語学部論集 第 11 集』

——— (2000),「会話におけるポジティブな非言語メッセージ —— 身振りのデータベースとしての *Bodytalk* の分析より」『明海大学外国語学部論集 第 12 集』

増補新装版へのあとがき

　2003 年に刊行した『日米ボディートーク　身ぶり・表情・しぐさの辞典』を，判型を縮小し，ハンディな増補新装版として再び世に問うことになりました．巻末には，「身ぶりと異文化理解」と題し，身ぶりに関する基礎的な事項をまとめた解説を増補しました．旧版は，身ぶり（ジェスチャー）の調査に基づいたユニークな辞典として，外国人留学生たちの日本文化理解や日本人学生たちの異文化理解に，また，たとえばロボット工学関係の研究室や，テレビ局の番組制作の資料として，多少とも役立ってきたのではないかと自負しています．

　「日本人編」の身ぶりは，私たちにとっては自明のことと思えるかもしれません．しかし，海外に留学した日本人学生の多くが，留学先で日本の文化や風土，習慣などについて聞かれ，如何に自分が自国のことを知らないかということに気づかされるように，身ぶり手ぶりの意味や使い方に関しても意識して考える機会は決して多くはありません．私たち自身の文化の一端である身ぶり手ぶりについて，自ら調査し理解することが必要であるとの思いから，私はこの分野の研究調査を続けてきました．

　身ぶり手ぶりの意味や使い方について，自身の経験のみに頼って日本人全体がそうであるかの如く説明するわけにはいかないと考えます．なぜならば，自分が生まれ育った地域以外ではそのような使い方はしないかもしれませんし，世代が異なると意味が通じないかもしれません．身ぶりには，同じ人間として共通に理解できることもある反面，「文化差」はもちろんのこと，「地域差」「年齢差」「男女差」「状況差」，そして「個人差」があるからです．本書は，「日本人編」も「アメリカ人編」も長年にわたる調査のデータを基に客観的に記述しています．これが本書の大きな特徴であるとともに，データ集としての価値がある所以です．

　本書のもう一つの大きな特徴は，＜使われ方＞として，「使用頻度」「性別」「年齢」「親密度」「形式度」「品位」に関する数値的データを提示していることです．身ぶりについて，このような＜使われ方＞を明らかにしたデータとその分析がある類書は，他に例がありません．フォーマルな場面で使う身ぶりなのか，親しい友だちとインフォーマルな場面で使うものなのかなど，留学生は日本人の身ぶりの使用状況についてかなり詳細な情報を得られるでしょう．また，アメリカに留学する日本人学生も，アメリカでは男性が使う身ぶりなのか，女性が使うことが多いのかなどの違いが理解できるはずです．データの読み取りができるようになると，一つ一つの身ぶりへの洞察が深まります．身ぶりの意味を知っているだけ

では，その理解のほんの入口に立ったにすぎないのです．

「アメリカ人編」は，「卒業 (The Graduate)」「アメリカン・グラフィティ (American Graffity)」「ジョーイ (Something for Joey)」といった，懐かしの名画から身ぶりを取り上げ，該当場面の会話とともに載せてあります．実際に映画や TV ドラマの DVD を見ながら一つ一つの身ぶりを確認していくのも，洋画ファンや英語学習者にとって楽しい作業となるでしょう．また，小・中学校の国際理解教育の授業で，「異文化の身ぶりを理解する」という観点から本書のデータを使っていただくことも可能です．

「日本人編」は，日本にいる留学生や企業で働く在日外国人にとって，日本人を理解する一助となるはずです．日本語が流暢に話せたり理解できたとしても，本書にあげたような身ぶりを理解してはじめて真のコミュニケーションが取れるようになります．日本語教育の現場である日本語学校でも，参考書としてぜひ備えていただくことをお奨めします．

今回は，デズモンド・モリス 著／東山安子 訳『ボディートーク新装版 世界の身ぶり辞典』（三省堂）との同時出版となりました．この二冊は扱う地域が相補的な関係にあり，両方を利用することでより深く身ぶりを理解することができます．共通点は，どちらも調査データを基にした客観的な記述を心がけており，信頼性が高いことです．『ボディートーク』には，モリスの長年の人間観察者としての知見や動物行動学者としての視点が記述されていることも見逃せません．本書の巻末には，それぞれの辞典で相互に関連している身ぶりの名称や番号をまとめた「項目一覧および対照表」を付しました．両者を，読む辞書としてご利用頂くことにより，人間のコミュニケーションのおもしろさに気づき，身ぶりを通した異文化理解を深めることができるでしょう．いつも手元に置いて楽しんで頂ければ幸いです．

2016 年 3 月 9 日
INVC 暮らしとアートの研究所
http://nonverbal-invc.com

代表　　東山　安子

東山安子(とうやま　やすこ)
1952年東京生まれ．日本女子大学大学院，コロンビア大学大学院，シカゴ大学大学院修了．専門は異文化間非言語コミュニケーション．明海大学外国語学部教授を経て，現在 INVC (Intercultural Nonverbal Communication) 暮らしとアートの研究所代表．著書に『暮らしの中ののんばーばるコミュニケーション』，共著に『のんばーばるコミュニケーションの花束』『異文化コミュニケーション・ハンドブック』『現代言語学の潮流』など，訳書に『ボディートーク　世界の身ぶり辞典』．

ローラ・フォード (Laura Ford)
1953年，米国サウスキャロライナ生まれ．ウィンスロップ大学卒業後，ペンシルベニア大学大学院および筑波大学大学院にて言語学を専攻．1997年から2003年まで，ノースキャロライナのエンロー高校日本語教師として日本語教育に従事．

2003年7月30日　初版発行
2016年6月10日　増補新装版発行

日米ボディートーク　増補新装版
身ぶり・表情・しぐさの辞典

2016年6月10日　第1刷発行

編著者	東山安子／ローラ・フォード
発行者	株式会社 三省堂　代表者 北口克彦
印刷者	三省堂印刷株式会社
発行所	株式会社 三省堂
	〒101-8371　東京都千代田区三崎町二丁目22番14号
	電話　(編集)03-3230-9411
	(営業)03-3230-9412
	振替口座　00160-5-54300
	http://www.sanseido.co.jp/

〈新装日米ボディートーク・336pp.〉

落丁本・乱丁本はお取替えいたします
ISBN 978-4-385-10768-4

Ⓡ本書を無断で複写複製することは，著作権法上の例外を除き，禁じられています．本書をコピーされる場合は，事前に日本複製権センター(03-3401-2382)の許諾を受けてください．また，本書を請負業者等の第三者に依頼してスキャン等によってデジタル化することは，たとえ個人や家庭内での利用であっても一切認められておりません．